W0196049

Sheldon B. Kopp

Der Taschendieb und der Heilige

Spiele der Selbsttäuschung

Übersetzt von Theo Kierdorf

Eugen Diederichs Verlag

Die amerikanische Originalausgabe erschien unter dem Titel »The Pickpocket and the Saint« bei Bantam Books Inc., New York.

CIP-Kurztitelaufnahme der Deutschen Bibliothek

Kopp, Sheldon B.:
Der Taschendieb und der Heilige: Spiele d.
Selbsttäuschung. / Sheldon B. Kopp. Übers. von Theo
Kierdorf. – 1. Aufl. – Köln: Diederichs, 1985.
Einheitssacht.: The pickpocket and the saint ‹dt.›
ISBN 3-424-00832-X

Erste Auflage
© Copyright 1983 by Sheldon B. Kopp
© Copyright der deutschen Ausgabe 1985 bei
Eugen Diederichs Verlag & Co. KG, Köln
Umschlaggestaltung: Eberhart May, Bergisch Gladbach
Satz: Fotosatz Froitzheim, Bonn
Druck und Bindung: Buch- und Offsetdruckerei Wagner GmbH,
Nördlingen
ISBN 3-424-00832-X

Inhalt

»Wenn ein Taschendieb einem Heiligen begegnet, so sieht er nur dessen Taschen.«

Aus den mündlich überlieferten Lehren von Karoli Baba

Prolog

Es trägt sich eines schönen Tages vor langer, langer Zeit im fernen China zu. Die Menschen jener Zeit wissen noch nicht, daß Wirklichkeit und Imagination zwei verschiedene Dinge sind.
Ein Holzfäller sammelt am Waldrand Reisig. Plötzlich bricht ein verängstigtes Reh aus dem hohen Unterholz hervor. Beide Geschöpfe erschrecken. Instinktiv schlägt der Mann zu. Und obgleich er das Reh eigentlich gar nicht erschlagen wollte, ist er dann doch hocherfreut über das unerwartete Glück, an solch eine gewaltige Menge Fleisch zu kommen.
Da er befürchtet, jemand könne sein Reh finden, bevor er es selbst beiseite geschafft habe, versteckt der Holzfäller das Wildbret in einer Grube, bedeckt es mit Unterholz und sammelt dann weiter Reisig. Später am gleichen Tage kehrt er zu dem Ort zurück, an dem er den Körper des Rehs gelassen zu haben glaubt. Da er ihn jedoch nirgends finden kann, kommt er zu dem Schluß, er müsse das Ganze wohl geträumt haben.
Während er nun seines Weges geht, sinniert der Holzfäller halblaut über sein anfängliches Glück und dessen anschließendes Verschwinden. Ein vorübergehender Bauer hört zufällig sein unzusammenhängendes Gestammel, macht sich daraufhin zum Waldrand auf, sucht dort im Unterholz und findet das vom Holzfäller vermißte Reh.
Als der Bauer mit dem Rehkadaver heimkehrt, erzählt er seiner Frau, er habe einen Holzfäller belauscht, der geträumt habe, er hätte ein Reh getötet, jedoch vergessen, wo er es versteckt hätte. »Nun, da ich das Reh gefunden habe, weiß ich, daß sein Traum Wirklichkeit war.«
Die Frau des Bauern läßt sich nicht so leicht täuschen wie ihr Mann. Sie erklärt ihm, daß er das Geschehene mißverstehe. »Du, mein Mann, bist es, der träumte, ein Holzfäller habe das Reh

erlegt. Warum glaubst du, der Holzfäller existiere wirklich? Da du das Reh tatsächlich mitgebracht hast, muß dein Taum wahr sein.«
Da der Bauer zu den einfacheren Gemütern zählt, gibt er es bald achselzuckend auf, die Frage klären zu wollen. »Was kümmert es mich, wer geträumt hat und was wahr ist? Entscheidend ist, daß ich das Reh habe.«
Der Holzfäller hingegen, der ohne sein Reh nach Hause geht, ist nicht so leicht zufriedenzustellen. An diesem Abend legt er sich, ganz in Gedanken an seinen Verlust versunken, zu Bett. Am nächsten Morgen, als er aufwacht, erinnert er sich an einen wahren Traum, der den genauen Ort beschreibt, an dem er das Reh versteckt hatte, und der auch von dem Bauern berichtet, der es dann später fand. Geleitet von diesem Traum, stellt er den Bauern wegen des Rehs zur Rede, kann sich jedoch nicht mit ihm einigen. So muß der Holzfäller, um sein Recht an dem Reh geltend zu machen, seinen Fall vor das Provinzgericht bringen. Nachdem der Oberste Richter die Darstellungen der beiden Männer angehört hat, kommt er zu folgendem Urteilsspruch: »Holzfäller, wenn es stimmt, daß du das Reh wirklich erlegt hast, hast du unrecht, wenn du sagst, du hättest es geträumt. Wenn jedoch wirklich alles nur ein Traum war, hast du unrecht, wenn du sagst, dies alles sei tatsächlich geschehen. Und du Bauer, du gibst zu, das Reh genommen zu haben, fühlst dich aber im Recht, Anspruch darauf zu erheben. Deine Frau hat bezeugt, du hättest in deinem Traum erkannt, daß es das Reh eines anderen Mannes ist, und dennoch leugnet sie die Existenz eines Holzfällers ab, der es erlegt haben könnte.«
Sogar ein so weiser Diener des Staates wie der Oberste Richter ist nicht in der Lage, dies alles zu verstehen. Am Ende kann er ebenso wie der einfache Bauer nur als gesichert feststellen: »Hier ist das Reh«. Seine Empfehlung lautet, daß Holzfäller und Bauer es miteinander teilen sollen. Keine der beiden Parteien ist damit zufrieden. Deshalb wird der Fall umgehend dem Minister vorgetragen. Bedrückt von der Unmöglichkeit, das Wirkliche vom Imaginären zu trennen, erklärt sich der Minister für außerstande, zu beurteilen, ob der Oberste Richter nur träumt, daß er auf gerechte Weise das Reh eines anderen teilen kann.

Als letzte Möglichkeit wird der Fall der höchsten Autorität vorgetragen, dem obersten Lehnsherren der Provinz. In seiner Weisheit gesteht dieser ein, daß es jenseits seiner Möglichkeiten liege, zwischen Träumen und Nicht-Träumen zu unterscheiden. Und es sei außerdem zu spät, sich mit den größten Weisen zu beraten. Sowohl der Gelbe Kaiser als auch Konfuzius seien tot. So wird klar, daß sie in Ermangelung solch höchster Weisheit allesamt ebensogut der Entscheidung des Obersten Richters folgen können.[1]

Teil I

Traum und Wirklichkeit

»Materie wird geträumt und nicht wahrgenommen...
träume gut.«
Gaston Bachelard, 1965

1. *Stell dir vor...*

Uns allen geht es bis auf den heutigen Tag erstaunlicherweise ziemlich ähnlich. Es gibt immer noch keine höchste Weisheit, die die Wirklichkeit von unserer eigenen Vorstellung unterscheiden könnte. Vielleicht finden wir ein paar Leute, die mit uns übereinstimmen; wenn jedoch ein Mensch eine bestimmte Sichtweise hat und andere ihr widersprechen: was sollen wir dann tun?

Entweder müssen wir uns dann an irgendeine willkürlich bestimmte, unvollkommene Autorität wenden, oder jeder von uns muß für sich entscheiden, was wirklich ist und was nicht.

Die meisten Menschen sind der Meinung, es gäbe »da draußen« eine objektive Realität. Das mag wohl so sein, jedoch ist leider niemand von uns in der Lage, die Welt direkt wahrzunehmen. Unser einziger Zugang zu den Objekten und Ereignissen, die wir erfahren, sind geistige Bilder, durch die sich diese uns darstellen.

Die meiste Zeit über können wir leicht unterscheiden zwischen jenen objektiven geistigen Bildern, die die gewöhnliche Wahrnehmung der äußeren Welt widerzuspiegeln scheinen, und andererseits ihren subjektiven Gegenstücken, die uns unsere inneren Betrachtungen bewußt machen. Gewöhnlich vertrauen wir darauf, daß wir sicher unterscheiden können, ob etwas sich »tatsächlich ereignet« hat oder ob wir »nur geträumt« haben; ob es »wirklich« war oder »nur Phantasie«. Wenn man hohes Fieber hat, bestimmte Drogen benutzt oder verrückt wird, kann dies Halluzinationen auslösen (jene imaginären Wahrnehmungen innerhalb unseres Kopfes, die in der äußeren Welt stattzufinden scheinen), aber abgesehen von solchen Ausnahmen nehmen wir an, daß wir sicher wissen, ob das, was wir erfahren, »wirklich« ist oder ob es sich nur in unserem Kopf abspielt.

Diese willkürliche Unterscheidung sorgt für eine Grenze zwischen dem Wirklichen und dem Unwirklichen. Die Verwirrung, die durch das Fehlen einer klaren Trennung entsteht, kann Ängste wecken. Es ist nur zu verständlich, daß wir Wert darauf legen, unser keine Ausnahmen zulassendes Unterscheidungsvermögen von Wahr und Unwahr, Gut und Böse, Verrückt und Gesund sowie von Traum und Wachsein immer wieder zu erneuern.

Und dennoch merken die meisten Menschen irgendwann einmal, wie sehr ihre Erlebnisse von der Phantasie geformt werden. In den meisten gemeinsam erlebten Situationen sind wir uns sicher, daß die anderen hinsichtlich der Wahrnehmung alltäglicher Dinge, oft verwendeter Gebärden und einfacher sozialer Verhaltensweisen mit uns übereinstimmen. Es ist, als ob die Welt durchsichtig sei und keiner Interpretation bedürfe. Niemand, der am Eßtisch sitzt, wird sich verwirrt oder verstört fühlen, wenn ein anderer Anwesender ihn bittet, ihm das Salz zu reichen.

Emotionell geladene Handlungen zwischen Personen sind subjektiver Interpretation gegenüber anfälliger. In derartigen Situationen kann die Imagination eine so große Rolle spielen, daß sie die Wahrnehmung aller Anwesenden bestimmt. Es ist eine Sache, gebeten zu werden: »Bitte gib mir das Salz«, etwas ganz anderes ist es hingegen, herausgefordert zu werden: »Sag uns bitte genau, was du glaubst, wirklich mit dem gemeint zu haben, was du scheinbar gesagt hast.«

Plötzlich ist es nicht mehr einfach eine Sache von Hier und Dort, Dies oder Das, Ja oder Nein. Wie Schlaf, hohes Fieber und gewisse Chemikalien, so können auch starke Gefühle ein individuelles Bewußtsein anderer Wirklichkeiten hervorrufen, die nicht ganz dem allgemeinen Verständnis entsprechen. Sogar subtile Hoffnungen und Ängste beeinflussen die Art, wie wir Tatsachen interpretieren, um sie mit bestimmten Einstellungen in Einklang zu bringen. Die Unterschiede in der Anschauung, die sich daraus ergeben, können uns noch weiter auseinanderbringen, da jeder verzweifelt darum kämpft, Unterstützung für seine Version der Realität und für seine Interpretation des Geschehens zu erhalten.

In Situationen, in denen die Imagination vorherrscht, nehmen wir gewöhnlich an, daß es nur *eine* wahre Wirklichkeit gibt. Gleichzeitig interpretiert jeder von uns von einem vollkommen individuellen Standpunkt aus das, was geschieht. Wenn diese Vortäuschung einer wahren Wirklichkeit unüberprüft bleibt, kommen wir zu der Überzeugung, daß unsere eigene, persönliche Erfahrung mit Sicherheit diese objektive Welt widerspiegelt. Und wenn dann andere dem widersprechen, so müssen sie Lügner oder Dummköpfe sein. Im Falle intensiver persönlicher Erfahrungen grenzt es für mich stets an ein Wunder, daß wir überhaupt noch in der Lage sind, miteinander zu kommunizieren.

Es könnte sein, daß wir die schon sprichwörtliche Gruppe von Blinden sind, die versucht, sich auf die Definition des Elefanten zu einigen, den jeder von ihnen anders ertastet. Wir mögen zwar alle blind sein, aber selbst in diesem Falle können wir uns nicht einmal sicher sein, ob es da draußen überhaupt einen Elefanten gibt. Wie aber sollen wir dann mit diesen schwer faßbaren Unterscheidungen zwischen Imagination und Wirklichkeit umgehen? Immer wieder wird *imaginär* mit *unwahr* gleichgesetzt.

Eigenständige Erfahrungen sind ein wichtiger Teil der Realität eines jeden Menschen. Oft bilden sie den innersten Kern dessen, was wir als unser Selbst und unser Leben ansehen. Ein großer Teil unserer wichtigsten Erlebnisse wird von Phantasievorstellungen beherrscht, die aus der Imagination hervorgegangen sind. Es geht nicht darum, das Erlebnis vom Einfluß der Imagination zu befreien. Vielmehr müssen wir erkennen lernen, worin dieser Einfluß der Imagination besteht. Der Preis ist hoch. Es geht um die Einsicht, daß unsere Wirklichkeit nur *eine* Art ist, Dinge zu sehen, und daß sie nicht besser oder wahrer ist als die Anschauung irgendeines anderen Menschen.

Es gibt jedoch einen Grund, der uns solch schmerzhafte Erkenntnisse lohnend erscheinen läßt. Das Akzeptieren einer pluralistischen Welt vielfältiger Realitäten befreit uns vom unnötigen Leiden, das entsteht, wenn man versucht, eine starre Sicht der Dinge auf die verschiedensten Situationen anzuwenden. Persönliche Redlichkeit macht eine gewisse Konsistenz von Werten und Verhaltensweisen bei jedem von uns erforderlich; manche Leute behalten jedoch stets genau die gleiche Einstellung und das gleiche Verhalten bei. Ein derart unflexibler Mensch beweist damit weniger seine hohen moralischen Prinzipien, als vielmehr, daß er an einer rigiden Charakterstörung leidet.

Wenn wir einmal nicht mehr darauf bestehen, daß unsere Art, die Dinge zu sehen, die einzig wahre Wirklichkeit ist, können wir die Bereicherung freier erfahren, die sich mit der Offenheit gegenüber den Realitäten anderer Menschen ergibt, und wir können uns von dieser Freiheit nähren lassen. Wir vermögen uns dann willentlich in eine bestimmte Phantasie hineinzuversetzen, solange diese unserer Erfahrung mehr Sinn verleiht und sie farbiger gestaltet; mit allem, was das Leben für dich oder für mich wertvoller macht. Dazu braucht man nur Coleridges entwaffnenden Vorschlag zu beherzigen, einmal willentlich unseren Unglauben vorübergehend aufzugeben.

Wenn uns eine bestimmte Einstellung zu unserem Leben nicht mehr sinnvoll erscheint, können wir sie aufgeben und uns einer anderen Anschauung zuwenden. (Diese Veränderung kann sich sowohl auf private Phantasien beziehen, wie etwa die, der Held zu sein oder das Opfer, der Schöpfer oder was sonst auch immer, wie auch auf Anschauungen gemeinschaftlicher Imagination wie etwa Liberalismus, Zen-Buddhismus, Gestaltpsychologie usw.) Die einzig notwendigen ethischen Einschränkungen sind die Bereitschaft, Verantwortung für die Konsequenzen des eigenen Handelns auf sich zu nehmen und die Wirklichkeiten anderer Menschen zu respektieren. Wenn wir unserer eigenen Imagination auf eine Weise folgen, die andere Menschen daran hindert, der ihren nachzugehen, gefährden wir dadurch letztlich das freie Spiel unserer eigenen Imagination. Wie jeder andere Versuch, Bürgerrechte zu schützen, mag dieses Prinzip einfach sein, leicht zu beherzigen ist es jedoch sicherlich nicht. Selbst diejenigen unter uns, die am eifrigsten glauben möchten, daß die Sehweisen der Menschen einander gleichwertig sind, fühlen insgeheim, daß ihre eigene Art, das Leben zu sehen, ›ein wenig gleicher‹ ist (das heißt besser).

Wir können uns niemals von den Wirkungen der Imagination auf die Erfahrung befreien. Wir können uns nicht *leicht* von den Zwängen eines erfahrungsgebundenen Hier-und-Jetzt-Sinns befreien, daß das, was wir sehen, auch das ist, was wir verstehen. Da wir alle mit besonderen Hoffnungen und Ängsten behaftet sind, die das individuelle Selbstbild und die Lebensanschauung jedes einzelnen Menschen bestimmen, fällt es uns schwer, das freie

Spiel unserer Imagination zuzulassen, das unser Leben bereichern und sogar effektiver gestalten kann.

Zuerst einmal müssen wir die traditionellen Definitionen überwinden. Gewöhnlich stellt man sich die Imagination als die Fähigkeit vor, etwas zu erzeugen, das in Wirklichkeit nicht existiert. Wir müssen sehen lernen, daß Imagination mehr leisten kann, als Frustrationen zu kompensieren. Anstatt einfach eine Form des Eskapismus zu sein, kann die Imagination ehemals verborgene Lösungen zugänglich machen, die neue Wege zur Lösung alter Probleme weisen. Zu wenig Imagination kann ein stumpfsinniges, hölzernes, leeres und eingeschränktes Leben zur Folge haben. Da die Imagination uns nicht garantieren kann, daß wir mit neuen Realitäten zurechtkommen, kann sie sich auch als eine Methode erweisen, mit der wir uns in Selbstgefälligkeit und ungerechtfertigte Sicherheit hineintäuschen, wenn die Situation eigentlich Wachsamkeit erfordern würde.

Die Imagination beeinflußt nicht nur, wie gut oder wie schlecht wir funktionieren. Sie gibt unserem Erleben Farbe. Die Eigenart des *Verstehens*, das die *Imagination* vermittelt, wird klar, wenn man es neben der *Erklärung* betrachtet, die durch *»realistisches« Denken* entsteht. Die rational-empirische Methode des Erklärens liefert uns eine engstirnige, faktenorientierte, empirisch verifizierbare Ingenieurssprache. Die nichtrationale, intuitive Methode der Imagination erzeugt die weichere, romantische Sprache der Literatur. Zwischen diesen beiden Methoden gibt es die verschiedensten Polaritäten.[2] Man kann das Leben als Geschichte ansehen oder die Welt als Natur. Man kann dem Schicksal oder dem Zufall den Vorzug geben, ebenso wie man der Analogie oder dem mathematischen Gesetz den Vorrang geben kann. Je nachdem, ob man imaginatives Verstehen oder die rationale Erklärung bevorzugt, wird man beispielsweise die Erscheinung der Wirklichkeit vorziehen, die Intuition der Analyse, das Schicksalhafte dem Naturgesetzlichen, das Bild der Empfindung, die Realität/Erscheinung dem Wahr/Falsch, die Illusion dem Irrtum, die Vorbestimmung und den Sinn des Menschseins der Kausalität und den Gesetzen der Wissenschaft und schließlich Schicksal und Glück den Voraussagen und dem Zufall. Die Sprachen der Literatur, der Religion und der Poesie sind zwar nicht beweisfähig, sie liefern jedoch eine reichere, wärmere, farbigere Interpretation der Welt menschlicher Belange.

Die Sprache der Imagination bevorzugt die Subjektivität. Sie besitzt die tiefe Weisheit der Intuition und hat auch direkten Zugang zu den inneren Erlebnissen. Da das freie Spiel der Imagination nicht an die Notwendigkeit gebunden ist, klar zwischen bewußtem und unbewußtem Leben zu trennen, toleriert es Doppelsinn, Widerspruch und Irrationalität. Wie jedes Spiel kann es sich unbelastet von moralischen Urteilen entfalten.

Jedoch ist Imagination nicht grundsätzlich nützlich oder lohnend. Man kann beispielsweise ein visuelles Objekt für ein anderes halten oder ein Objekt oder Lebewesen projizieren, das in Wirklichkeit nicht vorhanden ist, oder an eine imaginäre Intrige glauben, die nicht existiert. Jedoch ist Imagination nicht notwendig fehlerhafte Wahrnehmung oder Halluzination oder Täuschung. Und wir brauchen auch nicht alles ernstzunehmen, was wir imaginieren. Imagination ist im besten Fall »die Tätigkeit eines Geistes, die darauf zielt, jede Möglichkeit der Schöpfung, der Freiheit, des Spiels und des Vergnügens offenzuhalten.«[3]

Bei der Erziehung meiner eigenen Söhne wollte ich in diesem Sinne das freie Spiel der Imagination fördern. Lieber sollte ihre Phantasie wild wuchern, als unterernährt zu verkümmern. Wie gewöhnlich entsprangen auch in diesem Falle meine absichtlichen rationalen Bemühungen unbewußten Phantasien, d.h. den von mir nicht akzeptierten Aspekten meiner eigenen Imagination.

Während der frühen Lebensjahre meiner Söhne verlangte ich immer dann, wenn es mir angebracht erschien, von ihnen zu erkennen, daß viele andere Menschen ziemlich anders seien als sie selbst und unsere Familie. Mein höchstes, bewußtes, rationales Ziel war aus meinem eigenen ›liberalen‹ Wertesystem entstanden und darauf ausgerichtet, meinen Kindern zu helfen, soziale Verhaltensweisen zu entwickeln, die so frei wie möglich von blindem Glauben und von Vorurteilen sein sollten. Erst allmählich erkannte ich meine versteckte Motivation, ihre Toleranz gegenüber dem Anderssein der anderen zu stärken. Indem ich den freien Wildwuchs ihrer individuellen Phantasie förderte, versuchte ich unbewußt, sie auf die unausweichliche Entdeckung vorzubereiten, die sie schließlich erkennen lassen würde, *wie* verschieden von anderen Menschen sie tatsächlich waren.

Ein Aspekt dieser Unterschiede, so ahnte ich, war die simple soziale Tatsache, daß sie religiöse Zwitter waren. Ich bin ein geborener Amerikaner in zweiter Generation, ein amerikanischer Jude mit russisch-ungarischem Erbgut, der in einer Atmosphäre religiöser und familiärer Heuchelei aufgewachsen ist.[4] Kennzeichnend hierfür war der beträchtliche, wenn auch oberflächliche Gefühlsaufwand in unserer Familie, der die Wichtigkeit unseres Judentums unter Beweis stellen sollte. Jedesmal, wenn zum Vorschein kam, daß dies Schwindel war, bestand meine Familie darauf, daß alle Familienmitglieder auch weiterhin vortäuschten, dies sei kein Spiel der gemeinsamen Vortäuschung.

Im Gegensatz dazu ist die Mutter meiner Söhne eine holländisch-schottisch-irische Presbyterianerin, Nachfahrin einer der frühen amerikanischen Pionierfamilien. Ein in ihrer Familie berühmter Vorfahre wurde von den Indianern gefangen. Ein anderer war »das erste weiße Kind, das westlich der Appalachen geboren wurde«.

Schon früh bekamen unsere Söhne die sozialen Auswirkungen ihrer zwitterhaften, halbblütigen Identitäten zu spüren. Das Thema Religion tauchte unter den Kindern des Viertels in Form von Straßenecken-Identitätsbeweisen auf, wie: »Was *bist* du eigentlich?« Ein Kind mochte antworten: »Ich bin katholisch«, ein anderes: »Ich nicht, ich bin evangelisch«, und wieder ein anderes: »Ich bin Jude«. Meine Kinder hatten die Schwierigkeit, sagen zu müssen: »Ich bin halb-und-halb«. Oft wurden sie der Lüge bezichtigt, weil »es so etwas ja gar nicht geben kann«. Manchmal wurden sie deswegen sogar geschlagen oder zumindest herumgeschubst. So lernten sie bald, diese Aussage zu vermeiden.

Meine Frau und ich legten Wert darauf, den Kindern die Möglichkeit einer religiösen Erziehung zu bieten. Ich will jedoch nicht versuchen, hier für meine Frau zu sprechen. Meine eigene Motivation war hauptsächlich von dem Wunsch bestimmt, daß meine Söhne sich ein Symbolsystem aneignen sollten, gegen das sie dann später rebellieren könnten. Jedoch hatte ich mich zu jenem Zeitpunkt so feindselig von meinem eigenen jüdischen Background losgelöst, daß meine Söhne ihre religiöse Erziehung nicht in einer hebräischen Schule erhalten sollten. Da für meine Frau ihre eigene protestantische Erziehung akzeptabler war, beschlossen wir, die Jungen in eine presbyterianische Sonntagsschule zu schicken. Auf diese Weise konnte zumindest ein Elternteil in gutem Glauben an der Entwicklung einer religiösen Identität teilnehmen, die wir ihnen ermöglichen wollten.

Alle Söhne traten im Alter von neun Jahren in die Sonntagsschule ein, nahmen ziemlich regelmäßig an ihr teil, kamen dann irgendwann nach Hause und beklagten sich darüber, daß die Schule eben eine Schule und nicht besonders lustig sei, auch wenn es dabei um Gott und die Bibel ging. Die Lehrer der Sonntagsschule waren so wohlerzogen und auf Gehorsam dressiert, daß den Kindern in der Schule als einzige lustvolle Tätigkeit das Einfärben von Bildern blieb, auf denen die Helden und Heldinnen der Bibel dargestellt waren.

Mein ältester Sohn erklärte schließlich, er habe keine Lust mehr, zur Sonntagsschule zu gehen. Zu seiner Überraschung vernahm er, daß er ab sofort nicht mehr daran teilzunehmen brauche. Einige Wochen später bot ich ihm an, am Wochenende eine bestimmte Zeit mit mir gemeinsam über andere spirituelle Erfahrungen zu sprechen. Immer wenn einer meiner Söhne ähnliche Anzeichen von Unzufriedenheit äußerte, machte ich ihm das gleiche Angebot. Mein ältester Sohn war meinem Vorschlag gegenüber der aufgeschlossenste. Wir verbrachten an den Wochenenden einige Stunden damit, über die Bibel und andere, alternative Mythologien zu sprechen. Auf diese Weise kamen meine Söhne zu der Einsicht, daß man Judentum, Christentum und die orientalischen Religionen als den griechischen, nordischen und anderen ebenbürtig ansehen kann. Jede Weltanschauung einer Gemeinschaft war imaginativ ebenso inspirierend wie jede primitive Stammesreligion oder jeder Volkssagenzyklus.

Mein ältester Sohn und ich erzählten uns gegenseitig unsere religiöse Autobiographie, indem wir einander beschrieben, was spirituelle Erfahrung für jeden von uns bedeute und wie sich diese im Lauf der Jahre gewandelt habe. Wir nahmen gemeinsam an Gottesdiensten einer römisch-katholischen Kirche teil, ebenso an sol-

chen in Kirchen protestantischer Bekenntnisse, wir besuchten eine Moschee und eine Synagoge.
Als wir an einem Sabbath eine orthodoxe Synagoge besuchten, fand dort gerade eine Bar-Mizwa-Feier statt. Auf dem Podium befanden sich drei Generationen von Juden: der dreizehnjährige Sohn, sein Vater und der alte, bärtige Großvater. Ich war über mich selbst sehr verwundert, denn ich mußte fast die ganze Zeit während der Zeremonie weinen. Ich fühlte mich verlegen, aber mein Ältester reagierte sehr mitfühlend und verständnisvoll: »Paps«, tröstete er mich, »das kommt doch nur daher, daß deine Kindheitserlebnisse deine Imagination stärker beeinflußt haben, als du weißt.«
Mein zweiter Sohn interessierte sich weniger für derartige Erfahrungen, die meinen Ältesten so begeistert hatten.
Deshalb verbrachten wir oft unsere Zeit am Wochenende mit der Erforschung der Mythologie, ergänzten unsere gemeinsame Lektüre durch Museumsbesuche und hielten nach archäologischen Bestätigungen und nach Kunstwerken Ausschau, die mit den frühen, von uns studierten Religionen und Mythologien zu tun hatten. Mit meinem Jüngsten unternahm ich nur noch wenige dieser zielgerichteten Exkursionen, sondern verbrachte statt dessen meine Zeit mit ihm in persönlichen Gesprächen und hin und wieder auch mit solchen über Recht und Unrecht in der persönlichen Ethik.
Zu jener Zeit war ich versucht, darauf zu drängen, daß jeder meiner Söhne unabhängig voneinander ein vollständiges Studium der vergleichenden Religionswissenschaft absolvierte. Im Rückblick erscheint es stimmig, daß sie jeweils nur das studierten, was sie am meisten interessierte. Ein Ergebnis dieses Bemühens ist, daß jeder von ihnen gemäß dem ihm eigenen Temperament und Wert schließlich eine andere Perspektive entwickelte.
Der älteste Sohn, Jon, zeigte ein weitgefächertes Interesse an den verschiedensten spirituellen Reisen, dazu zählten orientalische, chemische und magische Ausflüge. Er wurde so etwas wie ein wandernder Poet und schließlich Psychotherapeut.
David, mein mittlerer Sohn, wurde eine seltsame Mischung aus Romantiker und Zyniker. Pragmatischer Agnostizismus verbindet

sich bei ihm mit lebhaftem Interesse an den Heldenmythen. Seine besondere Faszination durch die spirituelle Unterwelt hat momentan die Auswirkung, daß er als professioneller Spieler tätig ist. Seine Welt ist die Schattenseite der Gesellschaft, sein Leben ist das zeitgemäße Gegenstück eines Lebens mit den Mitteln der geistigen Beweglichkeit und des Schwertes.

Mein jüngster Sohn ist überzeugt anti-intellektuell. Er ist stolz darauf, in seinem Alter schon auf eigenen Füßen zu stehen. Nicks Leben spielt sich unter den Leuten ab, die ihm wichtig sind. Sein frühes Interesse an der Ethik hat bei ihm zu einer tiefen Verpflichtung geführt: zu wissen, was er fühlt, zu sagen, was er meint, und zu tun, was er sagt.[5]

Vor einigen Jahren schrieb ich:»Jede Familie, in der Kinder aufwachsen, ist einfach ein weiteres Beispiel dieses unauffällig unvollkommenen Lebens. Meine eigene Familie ist sicher ebenso gewöhnlich wie jede andere, und ich versuche, wann immer möglich, der Versuchung zu widerstehen, sie zu etwas theatralisch Besonderem zu machen. Wir können nur in dem Maße, in dem wir auf die respektlose Art der Komödie leben und ein ›unheldisches‹ Leben führen, das unnötige Leiden einer noblen Tragödie vermeiden.

Sicherlich mache ich ein paar böse Fehler bei meinen Kindern. Natürlich bin ich versucht, ihnen die guten Dinge zu geben, die meine Eltern mir nicht gaben, und sie von den schlechten Dingen fernzuhalten, die jene auf meinen unschuldigen Kinderschädel niederprasseln ließen. Mit Sicherheit habe ich meine Kinder benutzt und mißbraucht, weil sie klein waren und ich groß, weil sie abhängig waren und ich die Macht hatte und weil das leichter für mich war, als mich mit meiner Frau auseinanderzusetzen. Manchmal setze ich sie auch falschen Rollenerwartungen, ›Double Binds‹ und anderem Unsinn aus.

Und was all die Bereiche anbetrifft, in denen ich sie nicht verdorben habe: welche Aspekte unserer Interaktionen, die der Rede wert sind, schützen sie davor, ebenso tragisch unglücklich zu werden, wie ich es war? Ich setze hier voraus, daß keiner von ihnen, obgleich sie alle ihre speziellen Probleme haben, so viel durchgemacht hat, wie ich als Teenager. Und außerdem lasse ich im Augenblick außer Betracht, wieviel von ihrem Glück einfach die Folge dessen ist, was meine Frau ihnen gegeben hat. Wenn man diese Aspekte außer acht läßt, so ist ein Teil dessen, was ihnen geholfen hat, die Atmosphäre gewesen, in der wir bemüht waren, nicht zuviel von ihnen zu verlangen, indem wir versuchten, *sie* nicht zu bitten, sich um *uns* zu kümmern. Eltern sind dazu da, sich um Kinder zu kümmern, nicht umgekehrt. Eine meiner Grundvoraussetzungen – und dazu eine, die keiner Rechtfertigung bedarf und wahrscheinlich eine instinktive Grundlage hat – ist: *Kinder haben Rechte*.

Jedes Kind hat ein Recht darauf, zu spüren, daß seine Eltern zu ihm sagen: ›Du bist mein Kind, und ich liebe dich sehr. Ich werde für dich sorgen. Wir werden versuchen, zu verstehen, was du fühlst, herauszufinden, was dich glücklich macht, und dir helfen zu lernen, wie du dir selbst einen glücklichen Lebensraum schaffen kannst.‹ Natürlich ändern sich einige Aspekte dieser Botschaft, wenn ein Kind älter wird. Allmählich wachsende Unabhängigkeit muß unterstützt werden, wenn man sich auf die Zeit der Trennung zubewegt, dahin, einander aufzugeben, so daß jeder das Leben führen kann, das wirklich sein eigenes ist.

Diese Dinge sind sehr komplex. Der Kampf, die Art von Vater zu sein, die mein Kind braucht, scheint mich zu überfordern. In der väterlichen Rolle meines Lebens mache ich die meisten Fehler. Dennoch ist vieles so gut, daß ich den Wert dieser Rolle für mich selbst nicht mehr in Frage stelle; sie nimmt einen liebevollen (wenn auch oft schmerzhaften) Platz in meinem eigenen Leben ein.

Für den Augenblick möchte ich jedoch die Aufmerksamkeit auf einen einzelnen Aspekt elterlichen Verhaltens lenken, der es einem Kind ersparen kann, sich auf einen teuer erkauften neurotischen Lebensstil festzulegen. Ich glaube, das entscheidende Thema ist die *Respektlosigkeit*.

Als Vater sorge ich auf verschiedene Arten für das Kind und muß daher einen gewissen Respekt meiner Autorität gegenüber fordern. Diese Autorität muß jedoch im Vertrauen meiner Kinder verwurzelt sein, die erfahren haben, daß ich zumindest in der Mehrzahl der Fälle in gutem Glauben und mit klarem Urteilsvermögen handle.

Aber dieses Vertrauen muß die Erkenntnis einschließen, daß ich sie manchmal unwissentlich ausbeute oder zumindest viele Fehler mache. Ganz gleich, wie gut mein Urteilsvermögen sein mag, ich kann mit Sicherheit davon ausgehen, daß ich gelegentlich dumm handle.
Deshalb müssen die Kinder lernen, daß nichts, was ich sage oder tue, heilig ist. Es gibt nichts, was zu ernst ist, als daß man darüber scherzen könnte. Man muß eine spielerische Einstellung entwikkeln. Sie muß die Vorwände entlarven, ohne den anderen mehr zu verletzen als absolut unumgänglich ist. Wenn alles gut geht, wird ihnen (und mir) dies nicht nur ermöglichen, ihr Heranwachsen zu überleben. Es wird ihnen dann auch außerhalb des Elternhauses von Nutzen sein. Wenn diese Art von Respektlosigkeit sorgfältig entwickelt wird, hilft sie, die Freiheit der Kinder zu unterstützen, wenn sie willkürlicher Autorität begegnen, wo immer sie diese auch antreffen mögen. Zu guterletzt ist die Respektlosigkeit auch die Grundlage für viel gutmütiges Scherzen und Spielen. Am allermeisten jedoch hilft sie jedem von uns, zu lernen, sich selbst nicht zu ernst zu nehmen.«[6]

Ich biete diese Beschreibung meiner Rolle bei der religiösen Erziehung meiner Söhne mit der Freude an, die ich dabei empfinde, in einem gewissen Maß zu ihrer Freiheit beigetragen zu haben, wobei sich diese bei jedem von ihnen sehr verschieden herausstellte. Jeder hat ein eigenständiges Selbst, jeder hat auch eine höchst eigenständige Phantasie.

Ehrlicherweise muß ich die Verantwortung für die Verkrüppelung dieser Freiheit ebenfalls auf mich nehmen. Bei religiös-spirituellen Themen war ich ein besserer Vater als bei einigen sozialpolitischen Parallelen.

Ich möchte ein erläuterndes Beispiel hierfür anführen. Meine Kinder verbrachten den größten Teil ihres Vorschulalters in Greenwich Village und anschließend auf einer Farm. Als mein ältester Sohn ins Schulalter kam, zogen wir in eine Vorstadt. Von allen Familienmitgliedern war ich am wenigsten darauf vorbereitet, mich mit dem Cliquendruck im neuen Wohnviertel auseinanderzusetzen.

Im Alter von zwölf Jahren kam jeder meiner Söhne zu mir und bat um Erlaubnis, sich der örtlichen Pfadfindergruppe anschließen zu dürfen. Mir erschienen die amerikanischen Pfadfinder wie das erste Glied in einer Kette kryptofaschistischer Vereinigungen zur Schaffung eines Polizeistaates, der uns alle eines Tages fesseln würde. Diese Leute würden sich erdreisten, meinen Söhnen zu sagen, was richtig und was falsch sei und sie in eine einzige Charakterschablone hineinzwängen. Im Glauben, sie vor dem Druck der Welt der Ordnung zu schützen, erlaubte ich keinem von ihnen, sich den Pfadfindern anzuschließen und selbst herauszufinden, ob dies für ihn gut sei oder nicht.

2. *Re-Orient-ierung*

Nicht alle Beschränkungen der individuellen Imagination sind von den Eltern verursacht, und nicht alle sind repressiver Natur. Kulturelle und subkulturelle Voraussetzungen, Gruppenprozesse und Bezugsgruppe können ebenso einen Einfluß darauf haben, wie wir alltägliche Situationen erleben. Der Konsens, den sie gemeinsam gestalteten, sonst aber widersprüchlichen Ansichten verleihen, ermöglicht die Entstehung einer Art von Gemeinschaftssinn wie auch die Durchführung von Gruppenprojekten.

Die meisten von uns sind sich darin einig, daß das Leben sinnvoll ist, und jeder von uns nimmt an, daß er selbst und auch jeder andere innerhalb der Gruppe es auf realistische Weise wahrnimmt. Trotz massiver Beweise des Gegenteils halten wir die Meinung aufrecht, daß allein unser Weg vernünftig ist: objektiv und eben so, wie es nun einmal nach Lage der Dinge angemessen ist. Wann immer möglich, konzentrieren wir unsere Aufmerksamkeit auf bestätigende Erfahrungen. Meistens tun wir uns mit Menschen zusammen, die unsere Ansichten teilen. Gelegentlich diskutieren wir mit unseresgleichen über politische, religiöse oder ästhetische Spitzfindigkeiten, kaum jedoch über die grundlegende Ordnung des Lebens selbst.

Für einige von uns ist die Begegnung mit Menschen einer fremden Kultur die einzige Gelegenheit, zu erkennen, daß unsere Ansichten völlig willkürlich sind. Derartige Zusammentreffen sind sehr anschaulich von Edward T. Hall[1] beschrieben und analysiert worden. Als Professor der Anthropologie an der Northwestern University, dessen Feldforschungen viele Brücken zu den verschiedenen Kulturen geschlagen haben, war Dr. Hall dem State Department eine unschätzbare Hilfe bei der Vorbereitung von Technikern und Verwaltungsbeamten auf ihre oft schockierend fremdartigen Außenposten in fernen Ländern.

Zwischen den einzelnen Kulturen bestehen die verschiedenen Ansichten von ›Realität‹ nicht nur aus einem anderen Verständnis von funktionalen Unterschieden, wie z.B., daß die Eskimos sehr viel mehr Bezeichnungen für verschiedene Arten von Schnee haben als Menschen, die in gemäßigten oder tropischen Klimazonen leben. Mit weitaus erstaunlicheren Beispielen stellt Hall Unterschiede zwischen japanischen und amerikanischen Seh- und Handlungsweisen heraus, darunter so scheinbar simple und unverfängliche Verfahren wie die Bezeichnung von Anschriften zum Auffinden bestimmter Gebäude.

Die meisten Amerikaner leben in Wohnbereichen, die nach dem charakteristischen Muster des bekannten römischen Straßennetzes von sich meist senkrecht kreuzenden Straßen und Alleen angeordnet sind, auf denen man die einzelnen Gebäude entsprechend ihrer jeweiligen Lage straßauf oder straßab numeriert. In Japan hingegen sind nicht die Straßen, sondern die Kreuzungspunkte numeriert. Und die Häuser stehen in einer zeitlichen Beziehung zueinander, nicht in einer räumlichen, weshalb sie in der Reihenfolge ihrer Erbauung numeriert werden.

Wie außerhalb so bestehen auch innerhalb der amerikanischen Häuser feste Vorstellungen über die Art des Wohnens. Größe, Form und Gestaltung der Räume spiegeln unsere starren Vorstellungen wider. Jeder Raum hat seine bestimmte Funktion. Die Hausbewohner sollen, wenn sie von einer Tätigkeit zur nächsten übergehen, auch von einem Raum zum anderen wechseln.

Auch in dieser Hinsicht unterscheiden sich die orientalischen Vorstellungen deutlich von unseren eigenen. In Japan wird einundderselbe Raum vergrößert und verkleinert, indem man seine Wände zur Seite schiebt und sie anschließend wieder schließt. Die Hausbewohner bleiben an ihrem Platz sitzen, während sich der Raum von Küche und Eßzimmer zum Wohnzimmer wandelt und schließlich zum Schlafzimmer wird. Die japanische Feuerstelle ist ein beweglicher Herd, der sowohl zum Kochen als auch zum Heizen in der Mitte eines kaleidoskopartigen Raumes steht. Im Westen hingegen sind all die festen Einrichtungsgegenstände und Aktivitäten an ihren jeweils funktionell definierten Raum innerhalb des Hauses gebunden.[2]

Wir werden unsere willkürlichen Lebensanschauungen erst dann als solche erkennen, wenn wir Menschen begegnen, deren Kultur eine radikal andere Sicht dessen vermittelt, worum es im Leben geht. Nur wenn die üblichen Schutzvorkehrungen für die Touristen fehlen, kann es zu jenem Schock kommen, den die Konfrontation mit einer anderen kulturellen Realität mit sich bringt.

Ich kann mich noch gut an die Zeit erinnern, als ich vor einigen Jahren in einer Tagesklinik arbeitete, die für die schwarze Ghettobevölkerung gedacht war. Natürlich gab es auf beiden Seiten das Problem der mangelnden Vertrautheit mit Angehörigen anderer Rassen sowie Mißtrauen und damit einhergehende Vorurteile. Die eine Gruppe fühlte sich durch diese Art von ›Wohlfahrtsdienst‹ gönnerhaft behandelt, die andere fühlte sich bei ihrem Diensteinsatz nicht ernstgenommen. Abgesehen von diesen Problemen standen die verschiedenen Anschauungen darüber, was die Mitglieder der beiden Gruppen taten, oft unerwartet im Widerspruch zueinander.

Ein solches Problem war z.B., daß ich mich als Psychotherapeut dieser Institution bemühte, bei all meinen Patienten, denen ich psychotherapeutische Beratung anbot, die Termine pünktlich einzuhalten. Meine Patienten hingegen kreuzten regelmäßig mit mehrstündiger Verspätung auf.

Es kostete mich Monate, bis ich verstand, daß diese Leute es einfach nicht erwarteten, respekvoll behandelt zu werden. Sie gingen davon aus, daß sie, wenn sie pünktlich kämen, viele Stunden warten müßten, bevor sie vorgelassen würden, und daß sie außerdem auch nur eine zweitklassige Behandlung erfahren würden. Außerdem unterschieden sich meine Vorstellungen von Zeiteinteilung, Verabredungen und Energieaufwand als weißer Akademiker der Mittelklasse oft von denen meiner meist arbeitslosen, immer politisch unterdrückten Unterschichtpatienten.

Ihr anderes Zeitgefühl war teilweise dadurch bedingt, daß sie ständig in unzähligen öffentlichen Institutionen warten mußten. Außerdem trafen sie zusätzliche Verabredungen mit Kräuterheilern an den Straßenecken, deren Verschreibungen sie als Unterstützung für meine ihnen unvertraut erscheinenden und daher mit Mißtrauen betrachteten Bemühungen brauchten.

Jedoch stellte sich heraus, daß selbst diese unterschiedlichen Zeitvorstellungen nur kleine Hindernisse waren im Hinblick darauf, wie sehr sich meine Sicht von diesen Menschen von ihren eigenen Vorstellungen über sich selbst unterschied. Ich erinnere mich an eine durchaus typische Patientin der Klinik, deren Hauptbeschwerden chronische Depressionen waren. Sie war eine junge alleinstehende Mutter von mehreren Kindern, lebte von der Wohlfahrt und hatte keinerlei Hoffnung bezüglich ihrer eigenen ökonomischen und sozialen Zukunft sowie der ihrer Kinder; sie lebte unter Ratten, Drogensüchtigen und Räubern im Schmutz einer halbfertigen Mietskaserne, die für ein Wohnraumbeschaffungsprojekt vorgesehen war.

Es war für mich eigentlich nicht überraschend, daß sie chronisch depressiv war. Es war aber nicht etwa so, daß sie nur kein Geld hatte. Sie war wirklich arm dran! Ich brauchte eine ziemlich lange Zeit, bis ich begriff, welch großer Teil ihrer Depressionen auf die gleichen Probleme zurückzuführen waren, die auch bei mir Depressionen auslösen konnten.

Meine Unfähigkeit, ihr zu helfen, machte mich wütend auf sie. Ich fühlte mich schuldig. Mein mangelnder Durchblick bei der Arbeit mit ihr ließ mich mit Gefühlen der Hilflosigkeit und der Unzulänglichkeit zurück. In ähnlicher Weise verbot es ihr die Welt, in der sie gefangen war, eindringlich, frei zu handeln, so daß sie schließlich das Gefühl entwickelte, ein wertloser Mensch zu sein. Wie bei allen Neurotikern wurde auch bei uns beiden die Qual auf sinnlose Weise dadurch verstärkt, daß wir glaubten, wir müßten in der Lage sein, ihre Situation zu verbessern, wenn wir nur mehr täten, als jeder von uns im Moment zu tun vermochte.

Erst nach vielen, vielen Monaten verstand ich endlich die eigentlichen Unterschiede in unserer beider Auffassung von der Wirklichkeit. Es war jedoch nicht möglich, diese völlig zu überwinden. Allerdings lernte ich nach einiger Zeit, wenigstens gelegentlich die Dinge mit ihren Augen zu sehen und ihre Wahrnehmung des Lebens als gleichwertig zu betrachten. Nur so konnte ich therapeutisch wertvolle Arbeit leisten.

In den meisten Fällen weigern wir uns, den Beitrag unserer eigenen ungeprüften Vorstellungen beim Aufrichten kultureller

Barrieren zu erkennen. Für die meisten von uns im Westen ist der Orient seit langem ein Symbol für die Imagination. Die Mythologisierung des Fernen Ostens, die im Dienste der imperialistischen Ausbeutung begann, ist heute einem weniger stark politisch motivierten Erbe von einem jenseitigen Wunderland gewichen, einem zeitlich und räumlich stets weit entfernten Ort mit einer ihm eigenen, seltsam unwirklichen Wirklichkeit. Die politischen Königreiche des Orients sind in unserer Vorstellung zu metaphorischen Königreichen der Phantasie geworden.

Wie auch einige andere intellektuelle Traditionen, entsprang das Konzept des Orientalismus[3] nicht etwa einer neu entdeckten Realität. Vielmehr handelte es sich hier um eine eigennützige Konstruktion der westlichen Imperialisten, die sich aufgemacht hatten, die neuentdeckten Länder des fernen Ostens zu erforschen und auszubeuten. Seit dieser Zeit hat der Orientalismus jene östliche Hälfte der Welt als der westlichen Hälfte letztlich unterlegen definiert. Paradoxerweise schilderte man den Fernen Osten zur gleichen Zeit als ewig und mysteriös, wodurch er rätselhaft genug wurde, um ihm die gebannte Aufmerksamkeit des westlichen Geistes zu sichern.

Aus imaginativer Geographie und Geschichte geboren, hat der unergründliche Orient im westlichen Geist Verzerrungen erlitten »indem man die Distanz und den Unterschied zwischen dem, was ihm nahe ist und was weit entfernt liegt, hochspielte«.[4] Wie die unvertrauten Sitten des gänzlich Anderen, so dienen auch die Kulturen der Orientalen uns bereitwillig als Schattengestalten, auf die wir allerlei Dinge projizieren, die wir in uns selbst nur schwer akzeptieren können. Die Folge ist, daß Orientalen als sinnlich ausschweifend und emotional gleichgültig angesehen werden und daß man annimmt, sie würden den Tod nicht fürchten.

Wie andere emotional überzeichnete Einstellungen wich auch die Anschauung vom unergründlichen orientalischen Geist, nachdem sie sich erst einmal etabliert hatte, nicht so rasch den ihr widersprechenden Tatsachen. Neue Erkenntnisse wurden dahingehend umgedeutet, daß sie mit dem übereinstimmten, was man irrtümlich als die Realität des Orients ansah. Viele politische Konzepte, Lehrbücher und gelehrte Abhandlungen bleiben irreführende

Spiegelungen des »schwärmerischen, unberechenbaren und problematischen Durcheinanders, in dem die Menschen leben«.[5]
Es könnte sogar sein, daß die Orientalen um so seltsamer auf unser gezwungenes Verhalten reagieren, je fremder wir sie uns vorstellen. Die Unergründlichkeit des Orientalen ist ein anthropologischer Befund, dessen auf freier Erfindung beruhender Ursprung von vielen Bewohnern des Westens noch immer beharrlich übersehen wird. Tatsachen ändern Einstellungen nicht. Unsere Vorstellungen färben die Erfahrung so ein, daß liebgewonnene Illusionen aufrechterhalten werden.
Da der Orient sich so gut als Metapher für die westliche Imagination eignet, werde ich ausgewählte Geschichten aus dem Fernen Osten nacherzählen, um mit ihrer Hilfe meine in diesem Buch vertretenen Thesen zu erläutern. Ich verbinde einzelne Perspektiven der orientalischen Literatur mit dem Spiel meiner eigenen Phantasie und werde mich daher auch auf mit ihnen zusammenhängende Erfahrungen aus meinem eigenen Leben sowie aus meiner beruflichen Arbeit mit Patienten der Psychotherapie beziehen.
Wenn man um die Abhängigkeit von der Imagination der Europäer und Amerikaner bei ihrer Definition des Orients weiß, verwundert es kaum, daß der bekannteste westliche Übersetzer orientalischer Literatur seine herausragende Arbeit verrichtete, ohne auch nur ein einziges Mal den Fernen Osten besucht zu haben. Arthur Waley trug wie kein anderer dazu bei, chinesische und japanische Literatur im Westen bekannt zu machen.[6] Den größten Teil seiner Arbeit verrichtete er in London, in der Abteilung für orientalische Drucke und Malerei des Britischen Museums. Waley selbst reiste niemals weiter östlich als Istanbul.
Seine ›Kunst der Übersetzung‹ bestand darin, ein chinesisches oder japanisches Gedicht so lange zu lesen, bis er das Gefühl hatte, seinen Gehalt erfaßt zu haben. Dann schloß er das Buch und löste sich vom Original, um in seiner ›freien Übersetzung‹ zu einer schwingenden poetischen Nachschöpfung in idiomatischem Englisch zu gelangen.
Die östliche Literatur verschafft Zugang zu den wechselnden Realitäten des Reiches der Phantasie. Unter den von mir ausgewählten Geschichten – sie sollen diese These veranschaulichen –

befinden sich die japanische Geschichte *Rashōmon*, die chinesischen Titel *Reise in den Westen* und *Der Traum der roten Kammer*, die persische Sufi-Fabel *Die Konferenz der Vögel*, die islamischen Geschichten aus *Tausendundeine Nacht* und die indischen *Purana*-Erzählungen von Narada. Neben diesen orientalischen Klassikern beziehe ich mich auch auf die chinesische Dichtung von Li Po und Tu Fu.

All dies soll dem Leser einen genußvollen Blick auf die vielfältigen Realitäten dieser Welt erlauben. Jeder von uns kann sich eines reicheren, weniger verzweifelten Lebens erfreuen, wenn er sich nicht so stark an die Einschränkungen einer einzigen für wahr gehaltenen Perspektive bindet. Wenn wir die verschiedenen Anschauungen anderer besser zu würdigen wissen, so hilft uns dies, unsere Isolation zu überwinden, ohne daß wir dabei den kulturellen Wert unserer eigenen oftmals beschränkten Sehweise opfern müssen.

Ich möchte mit einer sehr alten orientalischen Geschichte beginnen, die erst vor einigen Jahren neu entdeckt wurde. Im Jahre 1951 gewann der zeitgenössische japanische Film *Rashōmon* den Grand Prix der Internationalen Filmfestspiele von Venedig. Unter der Regie von Akira Kurosawa wurden zwei Kurzgeschichten von Ryūnosuke Akutagawa[7] zu einer Filmstory verbunden. Die erste Geschichte *Im Gehölz* lieferte die Grundhandlung.

Die zweite, *Rashōmon* lieferte den symbolischen Schauplatz beim Rashōmon-Tor. Dieses einst eindrucksvolle Bauwerk am südlichen Stadtrand von Kyoto war baufällig geworden. Als Symbol für die soziale Armut jener Zeit wurde das Tor zum Treffpunkt der Bettler, Diebe und Ausgestoßenen sowie zum bequemen nächtlichen Abladeplatz für Leichen. Dies wird alles eher orientalisch als zeitgenössisch geschildert, da auch die ›originalen‹ Kurzgeschichten auf Episoden aus dem *Konjaku Monogatari* basieren, einer Sammlung von »alten und neuen Geschichten«, die von einem Unbekannten im 20. Jahrhundert nach frühen Volkserzählungen aus der mündlichen Überlieferung Indiens, Chinas und Japans zusammengestellt wurden.

Der Film wirft die Frage nach der Natur der subjektiven Erfahrung der Realität auf. Die vier Hauptpersonen sind zur Zeit des

Feudalismus in Japan in einen Raubmord verwickelt. Jeder der Beteiligten erzählt seine Version von dem, was vorgefallen ist. Jede dieser Geschichten wird von der Kamera quasi mit den Augen des jeweiligen Erzählers wiedergegeben. Nacheinander sagen die Erzähler vor einem Gericht aus, wobei jeder direkt vor der Kamera sitzt und durch deren Linse unmittelbar in die Augen der Zuschauer schaut. Die Zuschauer müssen selbst über den Wahrheitsgehalt der einzelnen Zeugnisse entscheiden – falls sie überhaupt auf Wahrheit beruhen.

Die Frau eines Samurais ist angeblich von einem bekannten Banditen namens Tajomaru in einem Wald, der sein Jagdgebiet war, vergewaltigt worden. Der Samurai und Ehemann ist tot, möglicherweise wurde er ermordet. Deshalb sind die Ehefrau und der Bandit aufgefordert worden, vor Gericht auszusagen. Die Version des Toten vom Geschehen wird durch ein Medium mitgeteilt, das mit dem Geist des Verstorbenen in Verbindung steht. Ein Holzfäller, der behauptet, den Vorfall beobachtet zu haben, erzählt seine Version einem Priester, während beide unter dem Rashōmon-Tor zusammenhocken.

Der Geist des Samurai, der Holzfäller, der Bandit und die Frau des Samurai erzählen jeweils unterschiedliche Versionen der Geschichte. Weder der Film noch das Buch bevorzugen eine bestimmte Version. Statt dessen ist jede dieser Darstellungen auf ihre Weise ›real‹. Die Unterschiede lassen sich in wesentlichen Punkten und manchmal auch in Details teilweise auf die situative Rolle der jeweiligen Person zurückführen.

Jede Zeugenaussage wird in einem anderen Ton erzählt. Der Holzfäller trägt seine Geschichte zögernd und etwas beklommen vor, als habe er etwas zu verbergen. (Später erfahren wir, daß er das Schwert, mit dem der Samurai getötet wurde, gestohlen und verkauft hat.) In krassem Gegensatz hierzu erzählt der Bandit seine Geschichte mit der typischen Dreistigkeit des Ausgestoßenen. Der Geist des Samurai erzählt die Geschichte ohne jede Betroffenheit, bis auf die Stellen, wo es um sein eigenes verletztes Ego geht. Für ihn geht es um seine Ehre. Die Frau, Masago, stellt sich selbst als tragische Unschuldige hin.

Nach der Aussage des Holzfällers tötete der Bandit Tajomaru den

Samurai. In letzter Minute entehrte sich das Opfer, indem es um seinen Leben flehte, eine Feigheit, die dem Weg des Samurais gänzlich widerspricht. In seiner eigenen Version behauptet jedoch der Geist des Samurais, mit Würde und Mut gestorben zu sein, so wie es sich für einen Samurai geziemt. Der Holzfäller hat das Geschehene der Polizei berichtet, was zur sofortigen Festnahme von Tajomaru führte.

In seiner Zeugenaussage bekennt der Bandit schamlos, er habe den Samurai getötet, weil er die Frau des Kriegers zu seiner eigenen hätte machen wollen. Nach Tajomarus Darstellung wanderte Masago, die Frau, mit ihrem Mann, dem Samurai, durch den Wald. Ihr Schleier wurde von einem plötzlichen Windstoß beiseite geweht. So sah Tajomaru, der unter einem Baum lag und aus dem Schlaf erwachte, ihr liebliches Gesicht.

Entschlossen, sich des Mannes zu entledigen, um so die Frau selbst besitzen zu können, näherte sich der Bandit dem Paar, wobei er so tat, als bewundere er das Schwert des Mannes. Er täuschte den Samurai, indem er ihm von anderen silbernen und goldenen Kunstwerken in einem nahegelegenen Grab erzählte. Die Habgier machte den Samurai verletzbar, und so suchte er schließlich zwischen den Bäumen nach den Schätzen. Zu diesem Zeitpunkt beschloß der Bandit, die Frau zu rauben, auch wenn er den Mann ermorden müsse. Jedoch mußte er ihn zunächst zu dem mutmaßlichen Schatz führen. Der Bandit behauptet, er habe den Samurai von hinten ergriffen und ihn besiegt, nachdem dieser wie ein gefangener Tiger gekämpft habe. Schließlich habe er ihn an die Wurzel eines Bambus gefesselt.

Der Bandit ging dann zurück, um die Frau des Samurai zu suchen. Sie war entsetzt und machte sich große Sorgen, was der Bandit ihrem Mann angetan haben mochte. Und so begann sie, nach ihrem Manne zu suchen. Der Bandit folgte ihr. Als sie ihren Gatten gefesselt fand, erschrak sie zutiefst. Der Samurai erblich vor Scham, als seine Frau ihn in dieser mißlichen Lage sah.

Tajomaru behauptet, er habe sich ihr daraufhin von hinten genähert und sie gepackt. Sie habe einen Dolch aus ihrem Gewand gezogen, ihn jedoch nicht überwältigen können. Er sei entzückt gewesen über ihren Mut. Sie habe weiter gekämpft, während ihr

Mann vergeblich versucht habe, sich von seinen Fesseln zu befreien.
Tajomaru entwaffnete die Frau und umklammerte sie. Zunächst habe sie wild gekämpft, dann aber allmählich nachgegeben, bis sich schließlich ihre Hand sanft am Rücken des Banditen entlang bewegt und sie seine Umarmung so erwidert habe. Durch seine Augen sehen wir, wie sich ihre Augen in süßer Hingabe schlossen. Der Bandit hatte gehofft, so sagt er, daß er den Ehemann nicht umzubringen brauche. Er behauptet, er habe der Frau angeboten, sie könne ihren Mann befreien und mit ihm des Weges gehen. Er besteht jedoch in seiner Aussage darauf, sie habe geantwortet, sie könne nicht entehrt unter den Augen zweier Männer leben. Sie habe ihn, den Banditen, gebeten, dem Samurai eine Chance zu geben, seine Ehre und die ihre zu rächen. Er habe daraufhin die Motivation der Frau geprüft. Sie hätte einen Dolch zur Hand genommen und gedroht, ihn in ihre eigene Kehle zu stoßen. Daraufhin habe er ihr den Dolch abgenommen, sie ungestüm geküßt, sie dann zur Seite gestoßen und die Fesseln ihres Mannes durchschnitten.
Die beiden kämpften nun mit Schwertern. Der Samurai entwaffnete Tajomaru, aber sogar in dem Moment, als er sich wehrlos dem blanken Stahl ausgesetzt sah, verlor der Bandit nicht seine Arroganz. In letzter Minute brachte Tajomaru den Samurai zu Fall, drehte den Spieß um, ergriff die einzige ihm verbliebene Waffe und tötete seinen Gegner. In der Zwischenzeit schien die Frau davongelaufen zu sein (zumindest, wenn man dem Bericht des Holzfällers Glauben schenken darf).
Als die Frau auftritt, um ihr Zeugnis abzulegen, wirkt sie unschuldiger, als Tajomarus Bericht es erwarten ließ. Zunächst bezeugt ihre Mutter, was für eine gute Tochter sie sei. Die Frau selbst erzählt, sie entstamme einer Familie von Hausbediensteten und habe diesen wundervollen Samurai aus einem höheren Stand geheiratet.
Sie behauptet, der Bandit habe sie völlig gegen ihren Willen genommen und sei wie ein Pfau umherstolziert, wobei er sie mit seiner gemeinen Ausdrucksweise beleidigt haben soll. Sympathie sei das einzige Gefühl, das sie gegenüber dem armen, gefesselten,

hilflosen Ehemann gehabt habe. Nach ihrer Beschreibung erscheint Tajomaru grob und vulgär, im Gegensatz zu der romantischen Rolle, die er sich im eigenen Bericht zugedacht hatte. Er habe angeboten, ihr den Gefallen zu tun, ihren Mann zu ermorden, sie aber habe protestiert und ihr eigenes Leben riskiert, um den Mann zu retten.

Der Bandit sei davongegangen und sie habe die Fesseln ihres Mannes durchschnitten und dann versucht, ihn zu beruhigen und zu trösten. Der Samurai jedoch habe mit kalter, schweigender Verachtung reagiert. Da sei sie immer erregter und schließlich wütend geworden. In diesem Augenblick, so behauptet sie, sei sie ohnmächtig geworden. Als sie wieder zu Bewußtsein kam, sei ihr Mann tot gewesen; ein Schwert habe seine Brust durchbohrt. Von Scham und Verzweiflung erfüllt, habe sie sich daraufhin ertränken wollen.

Sie sagt, sie hätte sich »doppelt entehrt« fühlen müssen, wäre nicht einer der Männer gestorben. Sie hätte dem stärkeren »gehören« müssen. Während die Zuhörer Masagos Bericht folgen, wirkt sie pathetisch. Da sie zu sittsam ist, um die Vergewaltigung zu beschreiben, berichtet sie dem Gericht nun, daß sie geweint und ihr Gesicht auf dem Boden verborgen habe, als sie dem verachtenden Blick ihres Mannes begegnet sei. Sie behauptet weiter, sie habe ihn gebeten, sie zu töten, damit sie nicht seine ständige Verachtung ertragen müsse. Wenn er das nicht tun wolle, würde sie ihn statt dessen töten.

Von Gefühlen überwältigt sei sie dann in Ohnmacht gefallen. Als sie wieder zu sich gekommen sei, wäre sie weggelaufen. Sie bittet das Gericht um Mitgefühl, da sie, um nicht die Schmach der Vergewaltigung erleiden zu müssen, versucht habe, Selbstmord zu begehen, was ihr jedoch nicht gelungen sei.

In der Darstellung des Samurai-Geistes spielt die Frau praktisch keine Rolle, bis auf die Aussage, daß sie angeblich ihren Mann verraten habe, als sie Tajomaru bat, den Samurai umzubringen und sie mitzunehmen. Es scheint dem Geist Genugtuung verschafft zu haben, daß Tajomaru sich angeblich weigerte, dies zu tun. Der Rest der Darstellung des Ehemannes läßt ihn selbst über jeden Zweifel erhaben erscheinen.

Er verflucht die, die ihn in die Welt der Dunkelheit geworfen haben. Seinem Bericht zufolge hat sich der Bandit, nachdem er sich an seine Frau herangemacht habe, neben sie gesetzt und mit Geschichten von anderen Frauen geprahlt, die er gekannt habe. Unterdessen habe er immer wieder die Frau des Samurais berührt. Er habe auch den Samurai und seine Tradition lächerlich gemacht. Da die Frau der Verführung des Banditen nicht hätte widerstehen können, habe sie diesen gebeten, sie mit sich zu nehmen und außerdem ihren Mann umzubringen, damit sie völlig ihm gehören könne.

Nach der Darstellung des Samurai-Geistes erschauderte sogar der Bandit vor der Unbarmherzigkeit Masagos. Tajomaru habe mit Abweisung reagiert und den Ehemann gefragt, ob er das schwarze Herz seiner Frau herausschneiden solle oder ob jener sie schonen wolle. Der Bandit habe versprochen, er werde tun, was immer der Ehemann verlange.

Während der Bandit mit dem Samurai gesprochen habe, sei die Frau schreiend in den Wald gelaufen. Der Bandit habe daraufhin beschlossen, zu verschwinden, da der Lärm jemanden von der Straße herbeilocken könne. Jedoch habe er zunächst die Fesseln des Samurais durchschnitten. Der Samurai habe allein und bewegungslos dagesessen, bis er jemanden habe weinen hören. Entsetzt darüber, daß es sein eigenes Schluchzen war, habe er sein Schwert gezogen und die Spitze auf seine Brust gerichtet. So sei er friedlich gestorben, bis er von einer Hand gestört worden sei, die, aus der Dunkelheit kommend, sein Schwert ergriffen und es ihm aus der Brust gezogen habe.

Schließlich schreit die Stimme des Holzfällers in der Dunkelheit: »Das ist eine Lüge! Eine Lüge!« Nun ist klar, daß der Holzfäller zumindest das Schwert gestohlen, möglicherweise sogar den Samurai umgebracht hat.

Am Schluß des Films erzählt der Holzfäller dem Priester, daß keine der Geschichten der Wahrheit entspricht. Die Beteiligten haben gelogen – *alle*. Er, der Holzfäller, behauptet, er habe den Berichten der anderen nicht widersprochen, weil er einfach nicht in die Sache verwickelt werden wollte. Der Holzfäller fährt dann fort, der Samurai sei an einen Baum gefesselt gewesen, als er durch den Wald kam. Die Frau habe gerade ihr Haar zurechtgemacht, und Tajomaru habe auf den Knien gelegen und sie um Vergebung gebeten. Die Frau hingegen habe den Banditen gebeten, sie allein zu lassen.

Tajomaru habe ihr versprochen, alles zu tun, was sie wünsche, er würde sogar aufhören, ein Bandit zu sein, wenn sie ihn nur erhöre. Nach der Darstellung des Holzfällers erklärte die Frau schließlich, sie könne wegen ihres Mannes nicht mit ihm gehen. Da habe sich der Bandit erboten, den Mann umzubringen.

Sie bestand nun darauf, daß beide miteinander kämpfen müßten, damit sie dem Stärkeren zufiele. Da dies jedoch keine Ehrensache für ihn gewesen sei, habe der Samurai das Duell verweigert. Die Frau sei nicht vergewaltigt worden. Sie habe sich dem Banditen freiwillig hingegeben. Nach Darstellung des Holzfällers forderte der Samurai nun, die Frau solle sich selbst mit dem Dolch töten, anstatt ihn von seinen Fesseln zu befreien. Er habe ihr vorgeworfen, immer noch die Küchenmagd zu sein, die niemals ihren Platz als Ehefrau oder Dame verdient habe. Sie hätten miteinander gestritten und sich gegenseitig beleidigt, wobei jeder versucht hätte, seinen Stolz zu verteidigen. Tajomaru sei angewidert davongegangen.

Die Frau hätte die beiden Männer so lange lächerlich gemacht, bis sie schließlich aufeinander losgegangen seien, um ihre Kräfte zu messen. Sie hätten ein unsinniges Scheinduell vollführt. Noch immer habe die Frau die beiden lächerlich gemacht. Erst als sie verschwunden sei, wäre aus dem Schein Ernst geworden. Der Bandit habe all seine faulen Tricks angewendet, und schließlich hätten beide Männer bewiesen, daß sie Narren ohne jede Ehre waren.

Der Samurai sei nur deshalb gestorben, weil er gestolpert und zu Boden gefallen war und sich dadurch selbst auf sein eigenes zuvor verlorenes Schwert aufgespießt hätte. Als die Frau zurückkehrte, scheinen sich beide Männer in einem erbärmlichen Zustand befunden zu haben. Voller Schrecken und Abscheu habe sie daraufhin sowohl ihren toten Ehemann als auch den ›siegreichen‹ Freier zurückgelassen. Der Holzfäller behauptet, im Anschluß daran sogleich zur Polizei gelaufen zu sein.

Der Perückenmacher (neben dem Priester ein weiterer Zuhörer am Tor) antwortet:
»Warum sollte ich *deinen* Augen mehr trauen als denen der anderen drei? Wie ich schon sagte, *sehen Menschen, was sie sehen wollen, und sie sagen, was sie hören wollen.*«[8]
Seiner Ansicht nach enthüllt das gesamte widersprüchliche Bündel von Berichten die Schwäche, die sich hinter der angeblichen Stärke, Ehre und Tugend der Menschen verbirgt. Er fährt fort:
»Für mich ist die Wahrheit ein Glühwürmchen – sie leuchtet auf und verlischt im nächsten Moment schon wieder. Und Lügen – sie sind für mich nichts weiter als die kleinen Wanzen in meinem Bett. Ich zermalme sie zum Spaß *(achselzuckend)*. Das ist die einzige Form von Sauberkeit, die ich mir leisten kann.«[9]
In einem Streit mit den übrigen Gesellen am Tor enthüllt der Holzfäller beiläufig, daß er das Schwert des Samurais verkauft hat. Er ist verwirrt über die Nachsicht des Priesters.
Der Holzfäller: »Aber – du hast es doch selbst gehört – ich bin ein Feigling, ein Dieb und ein Lügner dazu.«
Der Priester *(nickt)*: »Du bist vieles. Ein Mensch – wie alle anderen auch.«[10]
Der Priester akzeptiert, daß wir alle Opfer unserer menschlichen Schwächen sind. Ganz gleich, ob eine objektive äußere Wirklichkeit existiert oder nicht, unser einziger erfahrbarer Zugang zu ihr ist die innere Vorstellungswelt der subjektiven Imagination jedes einzelnen. Kulturelle Konventionen und soziale Strukturen halten eine kollektive Imagination aufrecht, die es gestattet, Dinge auf eine allgemein anerkannte Weise zu sehen. Jedoch verstärken mit persönlichen Emotionen aufgeladene Situationen das eigene selektive Wahrnehmungsraster, mit dem jeder Mensch ›seine Realität‹ zerlegt.
Unsere Gefühle darüber, wer wir sind und was das Leben uns bringen wird, sind zu einem Teil von individuellen Verhaltensweisen und Erwartungen bestimmt, die Ausdruck der individuellen Imagination sind. Wir sind bei unseren Versuchen, vorherzusagen, was als Nächstes geschehen wird und welche Befriedigungen und Leiden jede neue Erfahrung mit sich bringen wird, oftmals hilflos. Deshalb versuchen wir mit unseren Hoffnungen und Äng-

sten schon jetzt, zukünftige Entwicklungen auszudeuten und so die eigene Unsicherheit zu lindern.
In diesem Buch werde ich mich damit befassen, wie Übermaß oder Unausgewogenheit von Hoffnungen und Ängsten bei jedem von uns unnötiges Leiden verursachen können. Erfahrungen aus meinem eigenen Leben sowie Berichte über meine Psychotherapiepatienten und andere Menschen werden veranschaulichen, wie übermäßige Hoffnungen und Ängste entstehen und wie sie sich innerhalb jener extremen Persönlichkeitsstrukturen auswirken, die Folgen mangelhafter elterlicher Fürsorge sind.
Individuell gefärbte Imagination schließt einige emotionale Gefahren ein. Andererseits bietet sie jedoch auch den reichen Lohn eines farbigeren Lebens. Zu solcher Befriedigung zu gelangen, setzt das freie Spiel der Imagination voraus, einen kreativen Prozeß, der mit der willentlichen Aufgabe des Mißtrauens gegenüber neuen und andersartigen Ansichten beginnt. Außerdem erfordert dies auch die Bereitschaft, zu erforschen, welche Hoffnungen und Ängste wir bisher heruntergespielt, verleugnet oder mißachtet haben.
Ob positiv oder negativ, jene verleugneten Aspekte unserer Imagination, die in das Land der Schatten verbannt worden sind, müssen ins Licht der bewußten Erfahrung gehoben werden. Das erfordert, den Ängsten entgegenzutreten und Enttäuschungen als solche zu erkennen, auch wenn sie zuvor beseite geschoben wurden. Manchmal müssen wir, um unser Lachen befreien zu können, zunächst unseren Kummer erleiden.
Bei diesem persönlichen, individuellen Forschen muß jeder von uns bereit sein, zeitweise auf das Sicherheit verschaffende Zugehörigkeitsgefühl zu verzichten, das mit der Gleichgesinntheit konventioneller Weisheit und kollektiver Imagination einhergeht.
Wenn wir unser Leben so farbig wie möglich erleben wollen und uns selbst, wo immer möglich, zugestehen wollen, zu tun, was uns gefällt, dann müssen wir zunächst in das freie Spiel unserer eigenen Imagination einwilligen.

Teil II

Hoffnung und Furcht

»Der Mensch, dem die Funktion des Irrealen vorenthalten wird,
ist ebenso neurotisch wie der Mensch,
dem die Funktion des Realen geraubt wurde.«
Gaston Bachelard, 1962

3. *Imaginäre Charaktere*

Das Überschreiten von Grenzen, auch wenn es sich nur um diejenigen benachbarter Subkulturen handelt, steigert das Bewußtsein von Unterschieden in der Imagination und in der allgemeinen Weltsicht, auch wenn es sich dabei nur um die Unterschiede im eigenen Stadtteil handelt. Als Kind hing mein Überleben davon ab, daß ich lernte, auf diese Unterschiede peinlichst zu achten.

Ich wuchs in der Bronx auf, einem Stadtteil New Yorks mit dem für die Stadt typischen verrückten Gemisch aneinander angrenzender, ethnisch gegensätzlicher Wohnviertel. Meine eigene stark abgegrenzte Bastion war ein jüdisches Viertel, in dem Juden der unteren Mittelklasse wohnten, Amerikaner in zweiter oder dritter Generation. Alle ›regulären‹ Bewohner des Viertels waren Juden; die traditionell einzigen Ausnahmen waren osteuropäische nichtjüdische Familien, die im Souterrain lebten und widerwillig Pförtnerdienste verrichteten.

Die meisten der kleinen Dienstleistungs- und Handwerksläden gehörten Juden und wurden von ihnen betrieben. Aber es gab auch typische Ausnahmen in solchen Vierteln ›assimilierter‹ Juden. Die Wäscherei und das chinesische Restaurant wurden von chinesischen Familien betrieben, ein Italiener war Eigentümer des Obststandes, und eine bunte Ansammlung ethnischer Varianten kam als reisende Kaufleute mit Lastwagen und Schiebekarren ins Viertel. Im Sommer lieferten sie Eis, im Winter gebackene Süßkartoffeln und geröstete Kastanien und das ganze Jahr über gab es Gemüse »frisch von der Farm«.

Im Norden und Westen lag eine original amerikanisch-sizilianisch-römisch-katholische Gemeinde, und im Osten ihr erst kürzlich immigriertes irisches Gegenstück. Die restliche Umgrenzung meiner eigenen Enklave bildete im Süden ein Crescent (halbmondförmiger Straßenzug) neu zugereister Juden, die eher der Unterschicht zuzurechnen waren. Im Gegensatz zu meinen eigenen stärker amerikanisch orientierten Eltern, waren diese ›Greenhorns‹ mehr Juden als Amerikaner. Sie waren Angehörige eines selbsternannten *Stetl*. Die Bewohner unseres eigenen Viertels mieden ihr Ghetto, damit wir nicht »zu jüdisch« würden.

Wenn ich mich zu Fuß aus unserem eigenen Wohnviertel in eine der angrenzenden christlichen Gemeinden hinauswagte, bedeutete dies für mich, mit großer Wahrscheinlichkeit als »Christusmörder« zusammengeschlagen zu werden. In den Crescent zu gehen, war körperlich gesehen etwas sicherer, in diesem Fall riskierte ich jedoch die Peinlichkeit, mit den jüdischeren Juden konfrontiert zu werden und mit der beunruhigenden Frage: »Wer bin *ich* denn ... wirklich?«

Jedes Viertel hatte seine eigenen Charakterrollen. Wie im Falle des Stadtsäufers oder des Dorftrottels war es oft schwer zu sagen, ob dies freiwillig übernommene oder zugewiesene Ämter waren. Jedenfalls stand fest, daß immer dann, wenn der jeweilige Amtsträger starb, umzog oder sich auf andere Weise zur Ruhe setzte, der leere Posten neu besetzt werden mußte.

Mit der ihm eigenen dezenten Prahlsucht hatte Hetz schon damals, als er noch in dem jüdischen Mittelklasseviertel in Brooklyn lebte, seinen wertvollen roten Ring getragen. Er trug ihn auch an dem Tag, als er in das Viertel in der Bronx umzog, in dem ich wohnte. Und er hatte mich gerade darauf aufmerksam gemacht, daß er an jenem unwirtlichen Samstagabend dieses Versprechen eines besseren Lebens immer noch trug, als er einen Freund aus seinem alten Viertel die zweiundvierzigste Straße überqueren sah. Gerührt rief er seinen alten Freund beim Namen: »Shitty«, brüllte er, »ich bin's, Hetz, der Rubin«. Erfreut über diesen Zuruf rannte Shitty daraufhin unbekümmert über die belebte Straße, um seinen Freund zu umarmen, der sich noch immer seiner erinnerte.

Kulturelle Perspektiven definieren implizit einige Aspekte unserer gesellschaftlich willkürlichen Sicht von der Welt im allgemeinen. Individuelle soziale Rollen hingegen tragen deutlicher zu unserer eigenen subjektiven Sicht bestimmter Situationen bei. Ein wesentlicher Angelpunkt, an dem kulturelle Perspektiven und soziale Rollen zusammentreffen, ist die vorgeprägte Geschlechterrolle.

Durch sie entstehen viele der unterschiedlichen Ansichten von der Realität.
Bevor meine Frau und ich uns aus den traditionellen geschlechtsspezifischen Rollen lösten und uns auf eine ›befreitere‹ Aufteilung der Aufgaben hinbewegten, war es nicht ungewöhnlich für mich, daß ich sie fragte, wo ich denn irgendeine Pfanne oder ein Küchensieb fände, das genau vor meiner Nase hing. Ich mußte »meine kleine Frau« fragen, wie man ein Ei kocht. Mit Ausnahme leicht auszuführender Handwerker-Arbeiten schien ich in der Küche stets zwei linke Hände zu haben.
Sie konnte dagegen selten auch nur einen Schraubenzieher oder einen Hammer finden. Auch hatte sie regelmäßig Schwierigkeiten mit mechanischen Problemen von der Art, wie sie traditionell dem ›Mann im Haus‹ zufallen.
Eine der vielen Arten, wie die subkulturelle Imagination in meinem heimatlichen Wohnviertel die Geschlechterrollen definierte, bestand in der ständigen Präsenz der »Patrouille«, wie wir Kinder sie nannten. Ich glaube, der vollständige Name lautete »Die Viertelpatrouille der jüdischen Mütter«. Obgleich die Mütter offiziell nichts von dieser ›Organisation‹ wußten, erkannten wir Kinder ihre Autorität an und informierten einander über ihr Kommen und Gehen. Die Patrouille bezog sich auf die informelle aber nicht zu leugnende soziale Tatsache, daß jede erwachsene Frau im Viertel berechtigt (wenn nicht gar verpflichtet) war, jedes männliche Kind auf der Straße anzuhalten, um sein Verhalten, seine Kleidung oder seine Haltung zu korrigieren.
Bei geselligen Anlässen habe ich oft Schwierigkeiten mit den normierten Verhaltensregeln. Ich kenne extrovertierte Menschen, die andere nur kurz zu treffen brauchen und dann anschließend genau wissen, wie diese aussehen, wie ihre Namen lauten, wie sie ihren Lebensunterhalt verdienen sowie weitere ›soziale‹ Fakten. Wenn ich selbst als introvertierter intuitiver Typ gelegentlich den Fehler begehe, eine Party zu besuchen, unterlasse ich es, all die Namen der Anwesenden zu behalten. Ich achte solange nicht darauf, bis sich herausstellt, daß mein Gegenüber jemand ist, den ich näher kennenzulernen wünsche. Mittlerweile habe ich gelernt, bei solchen Anlässen zu diesem Menschen zu sagen: »Ich habe mir

nicht die Mühe gemacht, Ihren Namen zu behalten, als wir einander vorgestellt wurden. Jetzt merke ich, daß ich Sie sympathisch finde. Ich möchte Sie gerne näher kennenlernen. Wie war doch gleich Ihr Name?«

Obwohl ich also im gesellschaftlichen Sinne keine Ahnung habe, mit wem ich den Abend verbringe, gehe ich am Schluß einer solchen Party mit einem subtilen Verständnis des Gruppenprozesses nach Hause, an dem ich soeben teilgenommen habe. Und wenn ich mir auch jeweils völlig sicher bin über die Unfehlbarkeit meiner intuitiven Einsichten, finde ich später meist heraus, daß einige davon völlig falsch waren.

Bei einigen von uns wird die persönliche Erfahrung absichtlich von der Phantasie bereichert, gefärbt und vielleicht sogar beherrscht. Andere befreien die persönliche Erfahrung, wann immer möglich, von jeglicher phantasievollen Ausschmückung, leeren sie von imaginativen Verzierungen und reduzieren sie zu ›nackten Tatsachen‹. Manche von uns träumen die meiste Zeit über, andere hingegen fast nie. In beiden Fällen kann eine Disproportionierung des Imaginären zu unnötigem Leiden führen.

Als Karikatur sind beide Extreme bemerkenswert. Aus meinem alten Wohnviertel ist ›Mad Morris‹ das beste Beispiel für das völlige Eintauchen in all die verschiedenen Möglichkeiten der Imagination. Mad Morris probierte alles aus. Schon als kleines Kind konnte er keiner Herausforderung widerstehen. Er sprang von Dachfirsten, kletterte in Abwasserkanäle hinein, um zehn Cent ›teure‹ Gummibälle zurückzuholen, und er schellte auch an Türen von älteren Einzelgängern, die in dem Ruf standen, Hexen und Ungeheuer zu sein. Als er siebzehn Jahre alt wurde, blieb Morris sich und seinen Gewohnheiten weiterhin treu, indem er einzelnen Banden in Harlem Pistolen besorgte. Das letzte, was ich von ihm hörte, war, daß man ihn gesehen hatte, wie er auf einem Felsen mitten in einem Teich im Central Park saß und auf der Flöte spielte. Ich bin mir ziemlich sicher, daß Mad Morris kurze Zeit später als Heroinsüchtiger an einer Überdosis starb.

›Stripey‹ war sein Gegenstück in unserem Viertel. Er kam zu seinem Namen (dem einzigen, unter dem ich ihn jemals kannte), weil er gestreifte Boxershorts als Unterhosen trug. Jedermann war sich da ganz sicher. Wie war das möglich? Jedesmal wenn es bei einem Treffen im Viertel langweilig wurde, konnte man sich darauf verlassen, daß Stripey diese einzigartige Nummer aus seiner Trickkiste ziehen würde. Und das nicht nur *im* Süßwarengeschäft und *in* der Poolbillardhalle, nein, auch auf den belebten Bürgersteigen an der Straßenecke, die unsere ›Freiluft-Saloons‹ waren. Immer wenn nichts los war, konnte man darauf zählen, daß Stripey seine Nummer abziehen würde, seine einzigartige und einzige Masche. Stripey ließ die Hosen runter.

Erworbene kulturelle Perspektiven, soziale Rollen, Geschlechtsrollen und angeborenes psychologisches Temperament, sie alle tragen so sehr zur Gestaltung der individuellen Imagination bei, daß man sie als eigenständige Bereiche studieren kann. Jedoch ist es letztlich die Persönlichkeit, die am nachdrücklichsten bestimmt, wer wir selbst zu sein glauben und wie wir unser jeweiliges persönliches Leben erfahren.

Welche Rolle spielt die Imagination bei der Gestaltung unserer Persönlichkeit? Nach der in der Psychiatrie vorherrschenden Meinung lassen sich alle Menschen in zwei gewöhnlich klar zu unterscheidende Kategorien aufteilen: die nach psychopathologischer Diagnostik emotional Kranken[1] einerseits und die mehr oder weniger ›Normalen‹, also die gut funktionierende Mehrheit der Bevölkerung andererseits.

Die bei der ersten Kategorie episodisch auftretenden abnormen Verhaltensweisen sind, so lautet die Erklärung, zur Abwehr eines plötzlich auftretenden traumatischen Erlebnisses in einer ansonsten nicht näher charakterisierten gesunden Kindheit entwickelt worden. Nur den emotional Kranken schreibt man zu, ihre Erwachsenenpersönlichkeiten definierten jede neue Erfahrung nach den Maßstäben ihres in frühen Jahren verfestigten Charakters und Standpunktes. Man glaubt also, daß nur Neurotiker und andere ›Verrückte‹ ein Leben führen, daß von der Imagination beherrscht wird.

Wir sollten uns daran erinnern, daß derartige Meinungen stets dem Wandel der Zeit unterliegen. Zu einer anderen Zeit an einem anderen Ort schafft die Imagination eine andere Wirklichkeit. Schließlich gab es Zeiten, in denen man Geisteskrankheiten kaum von anderen Arten törichten Verhaltens unterschied. Erst während der letzten Jahrhunderte hat man begonnen, Verrückte als emotional kranke Opfer ihrer medizinischen Probleme anzusehen.[2] Während sich die Form unseres Denkens von einem Universum des Diskurses zum nächsten wandelt, verändern sich gleichzeitig auch die Machtstrukturen.

Kürzlich drückte eine Teilnehmerin eines meiner psychotherapeutischen Trainingsseminare ihre Verwirrung über die Diagnose von Patienten aus, die an Borderline-Störungen (einer an der Grenze zwischen Neurose und Psychose angesiedelten Ich-Störung) leiden. Die Teilnehmerin beklagte sich darüber, daß derartige Fälle in der traditionellen psychotherapeutischen Literatur kaum erwähnt werden, daß sogar in neuester Zeit erschienene Bücher und Artikel wenig darüber berichteten und schließlich sogar das, *was* darüber geschrieben würde, voller Widersprüche sei. Sie kritisierte dabei, sogar das DSM-III (die neueste Ausgabe des offiziellen psychiatrischen Diagnosehandbuchs in Amerika)[3] riete, zur garantierten Diagnose dieses Krankheitsbildes sei es hinreichend, wenn ein Patient fünf der acht allgemeinen Charakteristika erfülle, die für diese Kategorie kennzeichnend seien.

Eine Zeitlang war die Teilnehmerin sogar noch entrüsteter, als ich ihr vorschlug, die diagnostischen Kategorien nur als Methaphern zu betrachten, in denen sich die sich willkürlich verändernden Phantasien einer Zeit widerspiegelten. Als Freud mit seiner Arbeit begann, waren die meisten Patienten Neurotiker (hauptsächlich Hysteriker). Heute, da die Psychoanalyse sich mit Charakterstörungen befaßt, zeigen die meisten Patienten gefälligerweise narzistische oder Borderline-Störungen. Ich versicherte der Teilnehmerin, wenn sie nur geduldig sei, würde auch das wieder vorübergehen.

Die Vorstellungen der amerikanischen Psychiatrie des 20. Jahrhunderts waren für diese junge Therapeutin schon verwirrend genug. Ich konnte mir gut vorstellen, um wieviel größer ihre Verwirrung gewesen wäre, wenn sie sich mit einem im 15. Jahrhundert in Europa gültigen religiösen Dogma hätte auseinandersetzen müssen.

Im Jahre 1486 schrieben zwei junge Mitglieder der Inquisition ein diagnostisches Handbuch für Hexenjäger mit dem Titel *Der Hexenhammer*[4]. Eine päpstliche Bulle, die Innozenz VIII. verfaßte, verlieh diesem bösartigen Handbuch in besonderem Maße Gewicht und Würde. Dadurch wurde dieses autorisierte Handbuch zum Standardwerk, das sich noch viele Jahre lang auf dem Bücherregal jedes Richters befand. In überraschend aktueller Parallelität zum DSM-III liefert der *Hexenhammer* Argumente und Kriterien, die zur Diagnose der mittelalterlichen Hexerei ebenso verläßlich zu verwenden sind wie die zur Diagnose der heutigen Charakterstörungen entwickelten Mittel.

Wenn wir die Ansichten der heutigen Psychiatrie einmal außer acht lassen, können wir vielleicht nicht nur klarer sehen, wie die Imagination jede Persönlichkeit beeinflußt, sondern möglicherweise sogar, daß für jeden von uns *unsere Imagination zu unserer Persönlichkeit geworden ist*. Dann wird uns vielleicht auch bewußt, daß diese Persönlichkeit selbst eine subjektive, willkürliche Realität erzeugt, die nicht nur eine Methode ist, mit dem Leben zurechtzukommen, sondern eine individualisierte Erfahrungswelt bildet, mit der jeder von uns sich ständig auseinandersetzen muß.

In diesem Zusammenhang erinnere ich mich an das erste Lebensjahr meines ältesten Sohnes. Zur fraglichen Zeit fing er gerade an zu krabbeln und erweiterte so seine Grenzen hinsichtlich der weiteren Erforschung der Welt. Besonders faszinierten ihn die elektrischen Kabel der vielen Steh- und Tischlampen.

Wenn er sich den Kabeln näherte oder nach den Steckern und Steckdosen griff, pflegte ich zu sagen: »*Nein*, bleib weg«. Gleichzeitig nahm ich ihn auf den Arm, brachte ihn in einen sichereren Bereich des Zimmers und setzte ihn dort wieder auf den Boden.

Nachdem ich diese Rettungsaktion viele Male durchgeführt hatte, beobachtete ich, daß er anfing, in der Nähe der von mir für verboten erklärten Zonen innezuhalten. Er legte eine Pause ein, aber nur für einen kurzen Augenblick, um sich dann erneut dem Kabel zu nähern. Wie schon so oft, mußte ich ein weiteres Mal eingreifen.

Als nächstes lernte er, nicht nur zu zögern, bevor er das verbotene Gebiet betrat, sondern auch innezuhalten und mit einem Kopfschütteln »nein« auszudrücken. Erst dann fühlte er sich in der Lage, erneut nach dem Kabel zu greifen. Wieder war es an mir, »nein« zu sagen und ihn wegzutragen.

Nach einer Weile erfolgte der nächste Lernschritt. Anstatt auf den rituellen Eingriff meiner elterlichen Autorität zu warten, wendete er sich von selbst wieder ab und krabbelte freiwillig in einen ungefährlicheren Bereich des Zimmers.

Bald darauf war er in der Lage, das gefährliche Gebiet zu umgehen, ohne zuvor das Annäherungs- und Vermeidungsritual zu vollführen. Es war erstaunlich, zu beobachten, wie er allmählich etwas in seine Persönlichkeit integrierte, was ihm zuvor als willkürlicher Eingriff in sein unschuldiges Vergnügen erschienen war. Ich wurde fast unmittelbarer Zeuge dieser inneren Transformation, durch die er zu einem Menschen wurde, der in seinem Innern ein Bild von sich selbst als jemandem geschaffen hat, der es vermeidet, den Kabeln nahezukommen. Diese von Kindern imaginierten Bilder sind keine zufälligen Anhäufungen in einem Behälter namens ›Persönlichkeit‹. Diese Bilder *sind* die Persönlichkeit.

Die Imagination ist nicht einfach die Denkqualität von Kindern, Primitiven, Verrückten und Narren. Sie ist nicht nur ein flüchtiges Stadium des Geistes, sondern das Kernland menschlicher Erfahrung. Indem sie scheinbar Ordnung in ansonsten zufällige Ereignisse bringt, ermöglicht uns die Imagination, dieses Leben innerhalb von Erwartungen zu ›verstehen‹, die sowohl von Furcht als auch von Hoffnung gefärbt sind.

Jeder von uns erlebt, daß sowohl Hoffnung als auch Furcht Einfluß darauf haben, wie man das Leben erfährt. Keine Persönlichkeit ist von diesen Polaritäten des Imaginären frei. Jedoch liegt es am individuellen Verhaltensstil jedes Menschen, dem Aspekt seines *Charakters*, ob eine der Erwartungen deutlich überwiegt.

Wir alle müssen manchen Situationen mit Hoffnung und anderen mit Furcht begegnen. Jeder, der mit einer bestimmten übertriebenen Haltung allen Situationen entgegenzutreten versucht, leidet an einer Charakterstörung. Dieser Mensch wird bald herausfinden, daß sich derartige charakteristische Verhaltensweisen allzuoft nicht zu seinen Gunsten auswirken. Sicher muß jeder von uns lernen, sowohl Furcht als auch Hoffnung einzuschätzen und zu benutzen, und auch lernen, wann und wie man von der einen Stimmung zur anderen wechselt. Das Wichtigste ist hierbei, daß wir zwischen dem Gefühl der Angst und der Vorstellung, daß wir uns in Gefahr befinden, zu unterscheiden lernen. Ebenso müssen wir lernen, zwischen der Hoffnung darauf, daß etwas geschieht, und der Vorstellung, daß ein Wunsch in Erfüllung geht, zu differenzieren.

Ob zutreffend oder nicht, die Imagination ermöglicht es uns, die Ergebnisse unserer Handlungen vorwegzunehmen. Aus Furcht versuchen wir, mit unserem Handeln eine negative Konsequenz zu vermeiden; oder aber wir handeln in der Hoffnung, ein positives Resultat zu erzielen. In beiden Fällen sind unsere Handlungs- oder Vermeidungsstrategien dadurch gekennzeichnet, daß wir ein bestimmtes Ergebnis anstreben. Welche Entschuldigungen uns auch immer einfallen mögen, nichts, was wir tun, ist jemals wirklich frei von charakterlicher Prägung.

Eine nützliche Arbeitsdefinition der Neurose könnte sein: Neurose ist ein charakteristischer persönlicher Verhaltensstil, der es Menschen ermöglicht, zu tun, was sie zu tun wünschen, ohne sich für ihr Verhalten verantwortlich fühlen zu müssen. Statt dessen erklären diese Menschen, sie könnten nichts an dem ändern, was sie tun. Es sei ein bedauerlicher Zwang. Ironischerweise sind sie ebensowenig für das verantwortlich, was sie nicht tun. Solche Vermeidungsstrategien können auch bei Symptomen beobachtet werden, die sich außerhalb der Kontrolle des Neurotikers befinden.

Die imaginative Erwartung des übermäßig von Hoffnung geprägten neurotischen Charakters beharrt darauf, daß sich das Leben langfristig nach seinen Wünschen richten wird. Die Befriedigung emotionaler Bedürfnisse, die Lösung persönlicher Probleme und die ursächliche Quelle des Glücks stellt er sich als außerhalb seiner selbst befindlich vor. Dort warten sie, und die Wünsche werden sicherlich eines Tages in Erfüllung gehen, wenn nur...

Bei übermäßig hoffnungsvollen Charakteren kann sich diese wunscherfüllte Ungewißheit in eine von zwei scheinbar entgegengesetzten Richtungen bewegen. Einmal ist es die theatralisch willentliche Passivität, deren extremste Formen gewöhnlich als hysterisch oder als eine Art narzistischer Charakterstruktur diagnostiziert werden. Das Gegenteil ist bei einigen dieser Persönlichkeiten ein aggressives, unbarmherzig opportunistisches Verhalten. Hier kann eine impulsive Charakterstörung vorliegen, die im extremen Falle den Psychopathen hervorbringt.

Der passiv-hoffnungsvolle Charakter ignoriert durch Selektion Erfahrungen, die seinem Selbstbildnis als dem einer besonderen Person widersprechen könnten. Ebenso werden von ihm interne Impulse verleugnet, wenn sie die eigene voreingenommene Sicht des besonderen Selbst in Frage stellen. Wenn das impressionistische Erleben des Selbst und der Welt nicht »wunderbar« ist, dann ist es »furchtbar«. Phantasie ist der Angelpunkt im Leben des passiv-hoffnungvollen Charakters, aber sie ist eine karge Kost. Er macht sich vor, sein Leben sei aus dem seichten Stoff der sentimentalen Märchen gewebt, beherrscht von zarten Leidenschaften und arm an wirklich gut ausgeformten Prinzipien.

Beispiele für diesen passiven Typ des hoffnungsvoll-neurotischen Charakters gab es in meinem heimatlichen Wohnviertel in großer Zahl. Einer der farbigeren unter ihnen war ›Tartu, der verrückte Jude‹ (›Tartu the Hip Jew‹). Da er stets seine eigene Bedeutung übertrieb, behauptete er von sich, er könne Diamanten schon im Rohzustand erkennen. Tartu wählte junge Männer des Viertels aus und tat alles, um sie für sich zu gewinnen, indem er sie in ihren persönlichen Bestrebungen ermutigte.

Einer von ihnen hoffte, eines Tages Jura studieren zu können. Also machte ihn Tartu zu seinem Rechtsberater. Da er wußte, daß ich Psychotherapeut werden wollte, bot Tartu mir den informellen Posten des beamteten Psychotherapeuten in jenem Reich an, das er angeblich aufbaute. Allmählich sammelte er eine ganze *Gefolgschaft* ihm zur Seite stehender hoffnungsvoller Charaktere. Es gab da sogar einen Burschen, dessen einzige Empfehlung darin bestand, daß er eines Tages das familieneigene Kurzwarengeschäft erben würde. Er wurde Tartus Kleidungsberater.

Tartus eigentlicher Name war Melvin oder Murray oder irgendein ähnlicher jüdisch-amerikanischer Name. Zu seinen Marotten zählte das Herumtragen eines eigenen Portraitphotos. Dieses ähnelte stark dem Photo eines britischen Filmstars, der als romantischer Hauptdarsteller in einem populären Spionagefilm aufgetreten war. Der Deckname des Spions war ›Tartu‹. Das Viertel rächte sich an diesem narzistischen Charakter, indem es ihn dementsprechend umbenannte. Tartu, der verrückte Jude mochte seinen Titel nicht, freute sich jedoch über die ihm geschenkte Beachtung. Mit routinierter Verachtung tat er die spöttischen Bemerkungen der Bewohner des Viertels ab, indem er stets erklärte: »Die haben eben keine Klasse.«

Der aggressive Typ des hoffnungsvollen Charakters war in meinem Wohnviertel seltener. Die jüdische Kultur konnte zu jener Zeit kein Leben gutheißen, das sich den impulsiven Launen des Augenblicks verschrieben hatte, und sie war auch zu sehr an eine gewaltlose Ethik gebunden, um das psychopathische Verhalten von Straßenräubern und Frauenschändern gutheißen zu können.

Es gab ein paar kriminelle Straßenverkäufer, undurchsichtige fliegende Händler sowie Drogenhändler. Nicht einmal der Titel des mir bekanntesten Straßen-Originals hätte der Subkultur unseres Viertels entstammen können: wir alle wußten, daß ›Daddy Cool Breeze‹ sich seinen Namen selbst gegeben hatte.

Als Teenager kaufte ich oft Pot von Daddy, teilweise, um mir eine gefährliche Reise nach Harlem zu ersparen. Ein weiterer Grund, weshalb ich mich zu Daddy Cool Breeze hingezogen fühlte, lag in der dunklen Faszination dieser Unterweltgestalten. Sie verkörperten die abgespaltenen, dunklen Aspekte meiner eigenen Persönlichkeit. Gewöhnlich wickelten wir unsere Geschäfte unter vier Augen ab. Doch eines Tages begann Daddy, mit einem jungen Typen im Schlepptau aufzukreuzen. Teddy war Daddys Kumpel und sein Leibwächter, nebenbei war er auch noch ein kürzlich angeheuerter Dauerkunde. Daddy stellte Teddy als höchst interessanten neuen Junkie vor und berichtete stolz von seinem Schützling: »Er hat es gleich beim ersten Mal mit der Nadel gemacht, Gott segne ihn!«

Wie Alkoholiker, so liegen auch Drogensüchtige irgendwo zwischen den passiv- und den aggressiv-hoffnungsvoll neurotischen Charakteren. Sie nehmen den Stoff, um Leiden zu vermeiden und sich besser zu fühlen, ohne sich zum Lösen ihrer Probleme aus ihrer Passivität erheben zu müssen. Aber als Folge ihrer passiven

Einnahme von Chemikalien oder aus Verzweiflung heraus, an mehr Stoff zu kommen, legen sie ein verantwortungsloses und aggressives Verhalten an den Tag.

Mit Ausnahme einiger nicht-jüdischer Hausmeister gab es in unserem Viertel keinen einzigen offensichtlichen Alkoholiker. Das Trinken von Alkohol war auf zeremonielle Anlässe beschränkt. Unsere Erziehung in dieser Hinsicht begann schon früh. Ein verbreiteter Straßenvers der Kinder lautete: »Oy, oy, oy, Schicka ist a Goy!«, was übersetzt heißt: »Oh, oh, oh, der Trunkenbold ist ein Nichtjude!« Unglücklicherweise gab es keinen entsprechenden Vers über Rauschgift, gab es doch in unserem Viertel eine überdurchschnittlich hohe Zahl von Junkies.

Da die jüdische Geschichte stets eine Geschichte der Verfolgung und des Leidens war, nimmt es nicht wunder, daß in meinem heimatlichen Wohnviertel die ängstlich-neurotischen Charaktere die Zahl ihrer hoffnungsvollen Gegenstücke nicht nur übertraf, sondern daß erstere auch allgemein geschätzter waren und besser mit dem Leben zurechtkamen. Für den übermäßig ängstlichen Charakter ist das Leben ein Kampf gegen den Verlust der Kontrolle. Diese rigiden, perfektionistischen Menschen nehmen sich selbst auf krankhafte Weise ernst in ihren pseudorationalen Versuchen, Irrtümer zu vermeiden, alles gut zu machen und die Illusion der Ordnung aufrechtzuerhalten.

Die beiden Hauptvarianten dieser Verteidigungshaltung sind prototypisch der besessene, zwanghafte Neurotiker und die paranoide Persönlichkeit. Beide kämpfen darum, sich so zu verhalten, wie sie es ihrer Meinung nach tun sollten, und leugnen zugleich gegenteilige, unbewußte Impulse. Der besessen-zwanghafte Mensch versucht, diese Kontrolle durch einen hartnäckigen inneren Versuch der Meisterung des Universums zu erreichen. Erfüllt mit den Zweifeln, die das Streben nach Perfektion unweigerlich begleiten, ist es diesen Neurotikern fast unmöglich, Entscheidungen zu treffen und Pläne auszuführen. So rational sie auch zu sein streben, enden sie doch schließlich in der Abhängigkeit irrationaler, unproduktiver Rituale.

Der Paranoide strebt dem gleichen Ziel zu, jedoch tut er dies, indem er seine Aufmerksamkeit auf andere richtet. Die verleugneten Impulse, die im geheimen Selbst des Paranoiden verborgen liegen, projiziert er auf andere Menschen. *Sie* sind es, die er böser Absichten verdächtigt und bezichtigt und die kontrolliert werden müssen.

Von den vielen ängstlichen neurotischen Charakteren in meinem heimatlichen Viertel stach einer durch seine Fähigkeit hervor, erfolgreich die ihm zur Verfügung stehenden paranoiden und obsessiv-zwanghaften Verteidigungsmechanismen miteinander zu verbinden. Vielleicht nannte man ihn deshalb den ›Berühmten Nathan, den Maven‹ (Maven ist ein jiddischer Ausdruck für Autorität im Sinne von ›Experte‹). Der Berühmte Nathan machte sich Sorgen über *sie*. *Sie* versuchten ständig, ihn zu hetzen und zu jagen, und er hatte es gründlich satt.

Der Berühmte Nathan besaß ein geheimes System, um alles nur Erdenkliche zu bewerten. Wenn er seine geheimen Aufzeichnungen zu Rate zog, konnte er *genau* den Wert jedes beliebigen Produktes und jeder Dienstleistung bestimmen. Jeder konnte beim Berühmten Nathan Tips über die Feinkostgeschäfte einholen, in denen es die köstlichsten Pastrami von ganz New York zu kaufen gab oder über den Süßwarenladen, wo es das beste Halvah oder die besten Sahne-Bonbons gab.

Der Berühmte Nathan wußte sogar, in welchen Vierteln man die kessesten Mädchen finden konnte und wo es die bestbezahlten Jobs gab. Leider ließ die ständige Weiterführung seines ausgeklügelten Bewertungssystems Nathan nicht viel Zeit übrig für die elementareren Dinge des Lebens, wie etwa, selbst einer Frau den Hof zu machen und seine eigene Karriere zu verfolgen.

Obgleich niemand es je gesehen hatte, hieß es, Nathan führe auch ein Buch mit persönlichen Aufzeichnungen über Personen. Darin stünden in alphabetischer Reihenfolge die Namen aller Viertelbewohner. Unter jedem Namen, so sagte man, befände sich eine Reihe von Häkchen und Kreuzen. Ein Häkchen bedeute, daß jemand Nathan bei irgendeiner Gelegenheit gut behandelt habe, ein Kreuz zeige an, daß die betreffende Person ihn einmal schlecht behandelt habe. Ich war mir niemals ganz sicher, ob ein solches Notizbuch tatsächlich existierte. Und dennoch machte ich mir manchmal Sorgen wegen des Tages der Endabrechnung.

Sowohl hoffnungsvolle als auch ängstliche neurotische Charaktere suchen bei mir therapeutische Hilfe.[5] Nicht etwa, daß sie ihren Charakter ändern wollen. Sie möchten nur weniger leiden. Wer könnte ihnen das verübeln?
Und deshalb präsentieren sie ihre Probleme als situationsbedingte Schwierigkeiten, die sie belasten. Auf unkritische und für sie persönlich charakteristische Weise beginnen die meisten von ihnen die Behandlung damit, das zu beschreiben, was sie für ihre alltägliche Realität halten.
Ich antworte ihnen, indem ich ihre Gefühle zurückspiegele. Wenn die Therapie gut verläuft, entsteht schließlich ein Vertrauensverhältnis. Es gründet auf der Erfahrung der Patienten, daß ich ihre spezielle Ansicht darüber, was real ist, akzeptiere. Wenn es mir nützlich erscheint, lenke ich die Aufmerksamkeit des Patienten allmählich darauf, *wie* er diese Realität sieht und darstellt.
Schließlich wird der Patient so neugierig bezüglich seiner charakteristischen Art, Erfahrungen wahrzunehmen und zu beschreiben, daß er zu erkennen beginnt: dies ist nur *eine* Möglichkeit, darzustellen, worum es in seinem Leben geht. Diese Perspektive der verschiedenen Realitäten ermöglicht es dem Patienten, zu bewerten, wie gut seine persönliche Methode funktioniert, ob sie ihm so viele gute Gefühle verschafft, wie sie ihn schlechte Gefühle kostet.
Für die meisten Patienten ist die Erfahrung, daß jemand ihnen aufmerksam zuhört und sie dann ganz einfach versteht, etwas sehr Ungewöhnliches. Für einige von ihnen ist eine solche Erfahrung einzigartig. Für viele ist es kaum zu glauben, daß jemand sie näher kennenlernen könnte, ohne sie zu tadeln. Fast jeder Patient fühlt sich zunächst überwältigt von der ihn tief berührenden Erfahrung, daß seine private Realität akzeptiert wird, einfach *weil* es eben seine eigene ist. Oft wird der dramatische Gegensatz zwischen den beiden Realitäten zum Ausdruck gebracht, wenn der Patient die therapeutische Beziehung als im Gegensatz zum ›wirklichen Leben‹ stehend beschreibt.
Psychotherapie hat, zumindest so, wie ich und einige andere sie betreiben, außerhalb des Raumes, in dem sie stattfindet, keine Realität. Für den Patienten ist dies natürlich ein Ort, um sein Los zu verbessern, ein Tauschhandel zum Lösen alltäglicher Lebens-

probleme. Zunächst ist sie eine Methode, um den Schmerz der Angst und Depression zu lindern, und, so hofft man, ein Mittel, um mit dem überwältigenden Leben zurechtzukommen und ein besseres Selbstgefühl zu gewinnen.

Natürlich gilt, wenn ich selbst der Patient bin, das gleiche auch für mich. Wenn ich jedoch Therapeut bin, ist die Therapie für mich eine willkürlich festgelegte Zeit und ein Raum, in dem ich die Arbeit tue, zu der ich mich verpflichtet habe und mit der ich meinen Lebensunterhalt verdiene. In diesem Falle existiert für mich nur meine eigene Imagination und die meines Patienten. Mein Ziel ist es, das Selbstbewußtsein meines Patienten zu erweitern und dadurch sein Verhaltensrepertoire zu vergrößern. Wie er diese größere Freiheit im Alltagsleben benutzt, unterliegt seiner eigenen Verantwortung.

Der Patient spricht mit mir über Ereignisse in seinem Leben und über andere Menschen, mit denen er gemeinsam lebt. Ich betrachte jede Kommunikation von seiten des Patienten als eine von ihm nicht beabsichtigte Aussage über sein Selbst und darüber, wie er sich *unsere* Beziehung vorstellt. Wenn der Patient seinen Ehepartner, seine Geliebte, seine Eltern und Kinder beschreibt, wenn er von Autoritäten und Untergebenen berichtet, von Freunden und Feinden, so höre ich all dies im Hinblick darauf, was es über ihn selbst enthüllt. Ich antworte ebenso, als würde er einen Traum schildern, und nehme mir die Freiheit, jede Einzelheit als einen Aspekt im Selbst des Patienten zu deuten.

Die wirkliche Welt, die der Patient beschreibt, verstehe ich als eine psychische Produktion, eine Schöpfung der Imagination des Patienten, nicht als materiellen Ort mit äußeren Menschen und objektiven Situationen. Es ist ein privates, subjektives Universum. Wenn ich aufmerksam bin und nicht urteile, so können die Berichte über seine imaginäre Welt mir ermöglichen, diesen Menschen kennenzulernen, der zu mir gekommen ist, um Hilfe zu erhalten. Wann immer es mir nützlich erscheint, spiegele ich ihm zurück, was ich über ihn erfahren habe. Dabei sehe ich den Inhalt als nichts weiter an als eine Möglichkeit, den Prozeß zu reflektieren. Ich folge seinen persönlichen Darstellungen und halte Ausschau nach den darin enthaltenen Bedeutungen und nach der individuellen Struktur der Erfahrung des Patienten. Als Beispiel: Ein Patient kommt zu mir und redet unentwegt über seine dominierende Frau, die ihn das ganze Wochenende über mit Hausarbeiten beschäftigt. Er ist nun deprimiert, weil er das Fußballspiel versäumt hat und es ihm nicht möglich war, mit seinen Kindern zu spielen. Meine Antwort könnte lauten: »Dieses Mal hat es Ihre Frau wieder einmal geschafft, Sie mit Arbeit zu überhäufen. Und wieder einmal konnten Sie sich nicht der Freude des Spiels hingeben. Was immer Ihre Frau von Ihnen fordern oder nicht fordern mag, Sie sind derjenige, der glaubt, sie sei der Chef, der Sie an ein Leben des Bediensteten und des Dienstes bindet.«

Ich mache keinen Unterschied zwischen Phantasie und Wirklichkeit. Alles ist für mich akzeptabel. Meine Aufgabe ist es, die das Leben meines Patienten bestimmenden privaten Mythen zu identifizieren und zu akzeptieren. Diese Fiktionen drücken sich am klarsten in seinem Verständnis unserer Beziehung aus.

Wenn wir auf andere Menschen mit übertriebener emotionaler Intensität reagieren, so benutzen wir sie in Wirklichkeit oft als Behälter für von uns nicht akzeptierte Inhalte der eigenen Persönlichkeit. Der andere Mensch mag tatsächlich mehr oder weniger den eigenen Wahrnehmungen entsprechen, jedoch spiegelt die Intensität unserer Reaktionen den abwehrenden Charakter unserer projizierten Gefühle klar wieder. Wir alle sind geteilt. Wir alle projizieren. Wenn der Therapeut dies beim Patienten erkennt, so kann er vermitteln, auf welche Weise die Imagination seine Erfahrungen beeinflußt.

Überall gibt es bei intensiven menschlichen Beziehungen ein engeknüpftes kunstvolles Netz von Projektionen. Dieses komplexe und imaginäre System positiver und negativer Bindungen wird *Übertragung* genannt. Ursprünglich diente dieses Konzept nur zur Bezeichnung von Strukturen, die der Patient auf Grund früher Kindheitserfahrungen mit seinen Eltern auf den Therapeuten projiziert.

Das Konzept der Übertragung ist jedoch in den neueren Persönlichkeitstheorien erweitert worden. Heute gehen wir davon aus, daß sowohl die positiven als auch die negativen Verbindungen mit dem Therapeuten einerseits Aspekte aus der Vegangenheit des

Patienten darstellen, andererseits aber auch die Erfahrung zum Ausdruck bringen, wie sich der Therapeut tatsächlich verhält. Außerdem stellen sie auch allgemeinere Eigenarten der Imagination dar, die durch die Projektion verleugneter Teile des Selbst entstanden sind. Schließlich werden die Bindungen des Patienten, wie wir in späteren Kapiteln sehen werden, auch noch durch die Imagination und die Projektionen des Therapeuten beeinflußt.

Es ist Sache des Patienten, die Ziele der Therapie festzulegen. Ich akzeptiere niemanden als Patienten, wenn ich ihn nicht in der ersten Sitzung *so wie er ist* für mich akzeptabel finde. Ich bin bereit, dem Patienten zu helfen, sich zu verändern, jedoch muß er selbst die Richtung dieser Änderung bestimmen. In jedem Fall spielt es für mich keine Rolle, was für ein Leben der Patient führt. Ich habe mehr als genug Schwierigkeiten damit, mein eigenes allzuoft kaum zu regelndes Leben zu bewältigen.

Wenn ich mit dem Patienten zusammenarbeite, muß ich Veränderungen und das Ausbleiben von Veränderungen in gleicher Weise akzeptieren. Der Patient mag versuchen, mich für sein Leben verantwortlich zu machen, ich jedoch bleibe immer nur für die Therapie verantwortlich. Diese Haltung schließt ein, daß ich eine Atmosphäre des Vertrauens schaffe, in der der Patient sein Selbst erforschen kann, um sich so seiner selbst bewußt zu werden, seine Wahlmöglichkeiten zu vermehren und zu größerer Wahlfreiheit zu gelangen.

Jedes der gegensätzlichen Muster der Imagination und des Verhaltens bietet eigene Vor- und Nachteile. Nur der Patient kann in seiner momentanen Situation für sich entscheiden, welche Gewinne und Verluste mit der Anwendung einzelner Strategien verbunden sind. Gewinne stärken den Glauben des Patienten an sich selbst. Doch auch für die Verluste ist er selbst verantwortlich.

In jedem Falle ist die Arbeit am Selbst niemals beendet. Ich setzte diese Arbeit teilweise durch meine therapeutische Tätigkeit und durch das Schreiben von Büchern fort. Ich gestatte mir selbst eine äußerst individualisierte Imagination und schütze mich vor der damit verbundenen Isolation, indem ich versuche, meine Patienten im Rahmen einer therapeutische Beziehung so gut wie möglich kennenzulernen.

Ich tue all dies, um meinen Lebensunterhalt zu verdienen, meinen Patienten zu größerem Glück zu verhelfen und um mich ständig zu fragen: Wer bin ich ... wirklich? Hier folgen einige meiner Beobachtungen:

Die meisten von uns sind nicht das, was sie zu sein behaupten.
Niemand von uns entspricht dem, was uns gelehrt wurde, wie wir sein sollen.
Alle Bilder des Selbst sind irreführend, unvollständig.
Jede Persönlichkeit ist geteilt.
Was immer ich über mich selbst glauben mag, stets ist auch das Gegenteil wahr.
Jede menschliche Eigenschaft, die ich nicht als die meinige ansehen kann, werde ich mit Sicherheit als störende Eigenschaft beim anderen erleben.
Der Fremde und der Feind sind gespiegelte Reflektionen unerkannter Aspekte meines eigenen Selbst.
Alles, was ich bis jetzt mit »nicht ich« bezeichnet habe, muß ich ebensosehr als »ich« erkennen, wie die für mich akzeptableren Teile meiner selbst.
Scham kann eine Form von falschem Stolz sein. Wenn ich diese Last begrenzen will, so erfordert dies, daß ich ein gleichgroßes Maß meiner geheimen Schamlosigkeit akzeptiere.
Immer wenn ich versuche, meine Dämonen zu bannen, laufe ich Gefahr, meine Engel zu verlieren.
Ehrenvolles Versagen ist oft den Schmerz wert, den es hervorruft.
Wenn ich nicht zu weit gehe, wie könnte ich dann jemals wissen, ob ich weit genug gegangen bin?
Wenn ich etwas verpfusche, so ist das nicht so schrecklich, wenn ich erkenne, wie wenig es andere Menschen kümmert. Für sie bin ich einfach nie so wichtig, wie ich es für mich selber bin.
Wenn ich darauf bestehe, daß ich jemand besonderes bin, führt das nur zu unnötigem Leiden.
Anstatt einen großen Teil meines Lebens damit zu verbringen, gegen die Depression anzukämpfen, die Angst zu überwinden und meine Unzulänglichkeit zu verleugnen, kann ich bereitwillig zugeben, wie traurig, ängstlich und hilflos ich mich manchmal fühle.

Gelegentlich offen gezeigter Ausdruck von Wut beseitigt chronische Reizbarkeit. Warum sollte ich darunter leiden, daß ich nicht perfekt bin, wenn ich doch gut genug sein kann?
Ich bin mir sicher, daß ich weiterhin Fehler machen werde.
Um zu siegen, brauche ich nur wiederholte Niederlagen zu überleben.
Ich fühle mich nicht sicher, wenn ich völlig offen bin.
Wenn ich mich anderen offenbare, so heißt das immer, daß ich etwas riskiere.
Jedoch kann es ebenso riskant sein, sich zu verbergen.
Soziale Verkleidungen und ›Auftritte‹ schlucken kreative Energie.
Manchmal nehme ich eine Maske ab, die ich zu lange getragen habe, um dann entdecken zu müssen, daß ich sie nicht wegwerfen kann, weil noch ein Teil meines Gesichts in ihr steckt.
Ich verliere weniger dabei, wenn ich andere täusche, als wenn ich mich selbst an der Nase herumführe.
Ganz gleich, wie sehr ich mich verberge, das Zutagetreten meiner Unzulänglichkeiten ist ohnehin unvermeidlich.
Was gibt es denn zu verstecken?
Täusche ich erfolgreich andere, so bleibe ich isoliert und als Unbekannter zurück.
Wenn mich niemand kennt, wie kann mich dann jemand lieben?[6]

4. Situativer Verhaltensstil

Der individuelle Charakter kann als persönlicher Verhaltensstil verstanden werden, der zum Ausdruck bringt, wie der Betreffende seine Rolle im Leben definiert. Wie die Vorstellung vom eigenen Selbst, so stellt auch die persönliche Weltsicht, in der sich jener Charakter manifestiert, eine reziproke Vision dar, die durch das vom Ego überhöhte Bild gefärbt wird, das jeder Mensch von seiner eigenen Bedeutung in der Welt hat.

Bei den meisten von uns, und das gilt insbesondere für die übermäßig hoffnungsvollen oder ängstlichen Charaktere, bestimmt das Selbstbild, wie wir eine Situation erleben. Und wenn wir auch später in diesem Kapitel sehen werden, daß manche Situationen uns zwingen, neu zu definieren, wer wir zu sein glauben, wollen wir uns zunächst einmal damit beschäftigen, wie das Selbstbildnis die Reaktion auf Situationen bestimmt.

Die orientalische Geschichte, die am besten einige Aspekte jenes Zusammenspiels von Charakter und Situation darstellt, ist die Sufi-Fabel *Die Konferenz der Vögel*[1]. Zunächst möchte ich kurz etwas über die Welt des Sufismus sagen, aus der diese philosophisch-religiöse Prosadichtung stammt. Der Sufismus ist eine mystische Volkstradition des Islam, deren Anhänger durch vollkommene Hingabe des Selbst den Weg zur göttlichen Offenbarung suchen, bis hin zum völligen Verschmelzen mit Allah.

Auch die Sufis lesen den Koran, doch geht es ihnen hauptsächlich darum, die verschiedenen mystischen Bedeutungen einzelner Suren zu ergründen. Meist suchen sie göttliche Offenbarungen mit Hilfe esoterischer Methoden, wie etwa durch tranceerzeugende Poesie, Drogen und Tanz (z.B. die tanzenden Derwische).

Teilweise mag es sich bei diesen Praktiken um verkleidete Relikte aus der früheren Geschichte vorislamischer (zoroastrischer) Kulte handeln, die durch die Moslemherrschaft in den Untergrund verbannt wurden. Verschlüsselte Metaphern entstanden, so daß der alte Glauben im Untergrund sicher weiterleben konnte. Das Bild des eingesperrten Vogels ist eine bekannte Metapher der gefangenen Seele, die nach Erlösung aus dem Gefängnis der alltäglichen irdischen Welt strebt.

Jeder Mensch muß seinen individuellen Standpunkt transzendieren, um seinen wahren Platz als einzelner Tropfen zu finden, der mit anderen im Ozean ekstatischer Hingabe an Allah verschmilzt. Die Tradition der Sufis dient dazu, »die Harmonie ihrer Anhänger mit dem Ganzen der Schöpfung zu erreichen und zu erhalten.«[2]

In der *Konferenz der Vögel* stellt der Autor die einzelnen Stufen der spirituellen Reise dar; in der Parabel geschieht dies am Beispiel der Vögel. Diese Vögel werden zu einer Reise eingeladen, die sinnbildlich die aufeinanderfolgenden Stadien der Suche der Seele nach spiritueller Vollendung darstellt. Die Fabel beginnt damit, daß sich alle Vögel der Welt zu einer Konferenz versammelt haben, um zu entscheiden, wer ihr Herrscher sein soll. Der Hupu verkündet, er kenne schon den König, und er bietet den übrigen an, sie bei ihrer Suche zu führen.

Gemeinsam reisen sie nach China, um dort den Simurgh zu finden, den Großen Vogel, der die transzendente Quelle allen Wissens ist. Paradoxerweise besteht dieses Symbol Gottes in Wahrheit aus zwei Exemplaren: der eine ist der allgütige Wächter der Helden, der andere ist ein schreckliches Monster, das an eine schwarze Wolke erinnert.

Zunächst wollen alle Vögel an der Reise teilnehmen und freuen sich sehr über die Aussicht, ihren König zu finden. Schließlich bringt jedoch einer nach dem anderen seine Vorbehalte gegenüber der Reise zum Ausdruck.

Die verliebte Nachtigall definiert ihren Wert durch ihre Leidenschaft. Doch schon bald entschuldigt sie sich, denn sie sei so sehr in die Rose verliebt, daß sie es nicht ertragen könne, von ihr getrennt zu werden. Der Hupu räumt ein, daß »die Liebe der Rose viele Dornen hat«[3], und versucht, die romantische Imagination der Nachtigall durch die instruktive Parabel einer Lehrgeschichte der Sufis zu illuminieren.

Bei jeder Vogelart kommt es zu einer Wiederholung dieses Wechselspiels. Obgleich jede der vom Hupu erzählten Lehrgeschichten kritisch in dem Sinne ist, daß sie auf eine alternative Verhaltensweise hinweist, respektiert sie stets die persönliche Sicht des jeweiligen Vogels. Der Hupu drückt es mit folgenden Worten aus: »Ich darf nur aus Mitleid lächeln, nicht aus Spott.«[4]

Der Pfau ist so sehr dem irdischen Glück verhaftet, daß er nicht bereit ist, sein Herz dem Versprechen zu opfern, in das höchste Paradies des Simurgh einzugehen. Weil sie so sehr darauf bedacht ist, hübsch, sauber und rein zu sein, ist die Ente nicht bereit, das Wasser zu verlassen. Das anmutige, selbstgerechte Rebhuhn hängt so sehr an Edelsteinen, daß es sich ebenfalls bei der Suche nach dem höchsten Juwel der Erleuchtung entschuldigen läßt. Der Falke, der höfliches Verhalten gelernt hat und der seine Pflichten stets nach Wunsch ausführt, bedeckt sein Auge mit einer Kapuze, wenn seine Füße auf die Hand des Königs gesetzt werden. Der Hupu sagt dazu, daß der Falke in seinem Gehorsam nur an der äußeren Form der Dinge festhält und sich nicht um die essentiellen Werte kümmert. Traurig und melancholisch steht der Reiher am Ufer des Meeres, sein Herz ist erfüllt von Sehnsucht nach dem Wasser. Wie könnte er das Meeresufer verlassen, um seine Sehnsucht zu stillen, das Gesicht des Simurgh zu sehen? Auf ihrer Suche nach versteckten Schätzen muß die Eule »in die Ruinen gehen, wie es die Verrückten tun«.[5] Gekettet an ihre Liebe zum Reichtum bleibt sie lieber in den gewohnten, irdischen Ruinen, anstatt den heiligen Schatz des Simurgh zu suchen. Der Spatz stellt sich selbst als Weichling dar, der für die Reise nicht geeignet sei. Der Hupu zeigt, daß der Spatz in seiner Bescheidenheit zugleich Hunderte von Anzeichen für Eitelkeit und Stolz zur Schau stelle.

Der Hupu kritisiert jeden entsprechend seiner individuellen Situation. Dann beschreibt er seine eigene Sicht von den Stufen der Erleuchtung, die alle erreichen könnten, wenn nur jeder Vogel seine persönlichen Wünsche und seinen individuellen Standpunkt im Leben aufgeben könnte. Die als Lohn winkenden Stufen der Entwicklung werden durch sieben Täler symbolisiert, welche auf der Suche nach der Vereinigung mit der höheren kollektiven Wirklichkeit durchreist werden müssen.

Das erste ist das Tal der Suche, in dem jedes In-Erscheinung-

Treten individueller Wünsche durch Gefahren bedroht ist. Als nächstes folgt das Tal der Liebe, es kennt nur das dürstende Verlangen nach dem Geliebten, Allah. Dann folgt das Tal der intuitiven Erkenntnis, in dem sich Wahrheit und Gott unmittelbar dem Herzen erschließen. Das vierte Tal ist das Tal der Ablösung mit der totalen Befreiung von persönlichen Wünschen und Abhängigkeiten.

Das Tal der Einswerdung bringt den Pilger schließlich zu der Erkenntnis, daß alle Ideen und Objekte, die er zuvor als getrennt angesehen hatte, nur Teile der gleichen, einzigen Wirklichkeit sind. Jenseits dieser Vereinigung liegt das Tal des Erstaunens, in dem der Suchende zu seiner Verwirrung entdeckt, daß alle Erkenntnis Liebe ist.

Die letzte der sieben Stationen ist das Tal des Verlustes und des Todes, in dem Vergessen den Frieden bringt. Über die individuellen Verschiedenheiten ihrer Anschauungen erhaben, werden die Vögel hier zu reinen Objekten, so verspricht es der Hupu. Er erklärt: »... ein reines Objekt, das in den Ozean fällt, verliert seine abgetrennte Existenz und wird zum Teil des Ozeans und seiner Bewegung. Wenn es aufhört, als separate Wesenheit zu existieren, erlangt es seine Schönheit zurück. Es existiert und existiert gleichzeitig auch nicht. *Wie ist das nur möglich? Der Geist kann dies nicht fassen.*«[6]

Paradoxerweise akzeptiert der Hupu zum Schluß all die individuellen Charakterunterschiede. Nach traditionellen westlichen Vorstellungen hat das orientalische Ethos nicht viel Sinn für das individuelle menschliche Wesen. Eine genauere Überprüfung jedoch enthüllt die ökumenische Toleranz der östlichen Hauptreligionen, welche sogar die der westlichen ›Wochen der Brüderlichkeit‹ bei weitem übersteigt. Im besten Falle kann ein Buddhist, ein Taoist oder ein Konfuzianer sich ohne Kritik der Tatsache stellen, daß ein Mensch seinen Weg zur spirituellen Befreiung durch eine andere Religion gefunden haben mag. Für den Sufi sind wir alle »Idioten Gottes«. Und so die Motive der in spiritueller Dunkelheit Verbleibenden zu verstehen, heißt ihnen zu vergeben. Der Sufi konzentriert sich auf die aufeinanderfolgenden Stufen der charakterlichen Entwicklung, denn diese bestimmt den jeweiligen Grad der spirituellen Erfahrung. Jeder, der glaubt, spirituelle Vollkommenheit erlangt zu haben, ist nur der Selbsttäuschung zum Opfer gefallen.

Unsere kollektiven Imaginationen sind dagegen oft weniger pluralistisch und selbstzufriedener eingestellt als die orientalischen Anschauungen. Im Westen beurteilt man die Menschen zu schnell dahingehend, ob sie entweder ›realistisch‹ sind oder ob sie Unrecht haben. Jeder Mensch richtet sich entweder nach der konventionellen Meinung oder läuft Gefahr, als verrückt angesehen zu werden. Eine Ausnahme bildet nur die zeitweilige Tolerierung des jugendlichen Widerstands der Erwachsenenweisheit gegenüber. Jede der aufeinanderfolgenden etablierten Machteliten sorgt sich um die jüngere Generation. »Die Kinder heutzutage« sind immer ein Problem, doch tröstet uns die Gewißheit, daß dies nur eine vorübergehende Phase ist. Wie oft ignorieren wir dabei, daß jede der aufeinanderfolgenden Jugendkulturen schließlich die ganze Gesellschaft beeinflußt, denn diese versucht den Widerstand zu entschärfen, indem sie sich ihrer Attribute bedient.

Die Jugend ist stets eine Zeit der Unruhe. Beim Überschreiten der Grenzlinie zwischen Kindheit und Erwachsenenalter ist die Ansicht des Teenagers von sich selbst und der Welt zeitweise sehr fragmentarisch. Eine oft praktizierte Methode, diese aufregend entwurzelnde Transformation durchzustehen, besteht in dem Aufgeben der eigenen Identität zugunsten des kollektiven subkulturellen Wir-Gefühls in einer jugendlichen Peer-Group.

Ironischerweise wurden in diesem Jahrhundert überkommene patriarchalische und kollektive Vorstellungen von erwachsenen Einzelgängern aufgebrochen, die es auf irgendeine Weise geschafft hatten, sich eine zügellose individuelle Imagination zu erhalten. Freud und Marx führten Revolten gegen die Vernunft, Autorität und die Ordnung ihrer Zeit an. Wie so viele andere Revolutionäre wurden sie schließlich zu institutionalisierten Autoritäten der nachfolgenden Generationen, in deren kollektive Imagination sie eingegangen waren.

Patriarchalische Imagination verkörpert sich in einer Ordnung, mit der die Angst unterdrückt werden soll. Oft ist adoleszente Imagination, die darauf zielt, sie umzustürzen, ein archetypisches, die Mutter suchendes Ringen um Hoffnung. Die mit der Angst vor dem Vater verknüpften Imaginationen sind besessen von der Erbsünde und der Kontrolle über das Böse. Fußend auf ›Geschichte‹, ist die patriarchalische Perspektive pessimistisch und konservativ. Bei ihrem Versuch, vergangene Macht zu verewigen, verläßt sie sich ausschließlich auf die Vernunft.

Im Gegensatz dazu beinhaltet die archetypisch auf mütterlicher Intelligenz gründende Imagination emotionales Interesse an der Natur und am Lebendigen. Unterstützt durch intuitive Gefühle, weniger durch den Verstand, setzt sie überwiegend auf Hoffnung. Matriarchalische Imagination kreist optimistisch um Liebe und ein besseres Morgen.

Diese hoffnungsvolle Muttersuche hat seit den sechziger Jahren die individuelle adoleszente Imagination eingefärbt. Blumenkinder und Freaks prägten solche Themen wie: ›Make Love Not War‹, ökologisches Bewußtsein, sinnliche Hingabe in der Rockmusik, schnelles Lösen von Problemen durch Medikamente und Drogen, sozialdemokratische Unterstützung der Bedürftigen, Beseitigung der paternalistischen Arbeitsethik und Interesse am östlichen Mystizismus und der spirituellen Erlösung. Wieder einmal hoffte man, daß Eros über Logos siegen würde. Der heutige Konservatismus ist Vaters ängstlicher Gegenschlag, da wieder einmal militärische Aufrüstung die »verschwenderischen Wohlfahrtsprogramme« abgelöst hat.

Kürzlich besuchte ich San Francisco, Amerikas inoffizielle Hauptstadt des ›Wassermann-Zeitalters‹, des muttersuchenden, hoffnungsgetriebenen Aspekts der Imagination der Achtziger, die größtenteils von den vergeistigten Resten der alternden Jugend der Sechziger und der Siebziger beeinflußt wird. Nur eine Familienhochzeit vermochte mich dazu zu bewegen, an einer solch riesigen Versammlung teilzunehmen.

Der für mich erstaunlichste Aspekt dieser Begegnung mit der Imagination der New-Age-Bewegung war, daß jeder der fünfzig Gäste aus San Francisco mir als holistischer (oder sonstwie okkulter) Heiler vorgestellt wurde. Wenn es sein mußte, arbeiteten die meisten von ihnen als Kellnerinnen, Gärtner, Büroangestellte oder in anderen alltäglichen Berufen. An den Wochenenden und Aben-

den jedoch und zwischen den einzelnen Geldbeschaffungsphasen war jeder von ihnen ein Heiler. Ich fragte mich, wen zum Teufel sie nur heilen mochten: sich selbst oder einander gegenseitig?
Allmählich wich meine Verwirrung der Erkenntnis, daß meine intolerante Reaktion eigene versteckte Vaterängste enthüllte. Als Schutz gegen die situationsbedingte Versuchung, mich durch die kollektive New-Age-Imagination dieser Leute neu definieren zu lassen, hatte ich begonnen, mich spöttisch-defensiv hinter meiner eigenen individuellen Weltsicht zu verschanzen. Obgleich ich gewöhnlich angesichts von Vaterängsten schamlos-hoffnungsvoll reagiere, rief dieser kollektive Appell zum Zusammenschluß mit der großen Mutter bei mir nur selbstschützenden Zynismus hervor.
Es gibt andere Fälle, in denen das Zusammenspiel zwischen Charakter und Milieu sich in die entgegengesetzte Richtung bewegt. Manche Situationen sind so zwingend, daß sie den individuellen Charakter überwältigen können. Verführerische Settings können das Selbstbildnis des Individuums, das sich in ihrem Netz verfangen hat, neu definieren. Am deutlichsten wird dies in Zeiten radikaler sozialpolitischer Umwälzungen.
Während des ›London Blitz‹ im zweiten Weltkrieg wurde zum Schutz gegen die nächtlichen Bombenangriffe eine große Zahl britischer Kinder aus der Stadt evakuiert. Diese ›Kinder ohne Familien‹[7] wurden in Kinderheimen untergebracht, die sich in ordentlichen, gutgeführten städtischen Häusern befanden. Die Unterbringung war für die meisten Kinder vorübergehend, und sie wußten, daß man ihre Rückkehr nach Hause freudig erwartete, sobald es dort sicher sein würde.
In jedem dieser Pflegeheime wurden diese gesunden, ›normalen‹ Kinder im Vorschulalter gut ernährt, gut gekleidet und gut beaufsichtigt. Da sich dies jedoch alles innerhalb einer Institution abspielte, machten diese Kinder die leidvolle Erfahrung eines Lebens ohne Familie. Die Resultate waren erschreckend. Schon sehr bald entwickelten sie in ungeahnter Weise Verhaltensmuster wie Lügen, Stehlen, Kämpfen und Erpressen. Jedes Kind sah das andere als eine Bedrohung an, gegen die man sich mit schrecklichen Verteidigungsmaßnahmen schützen mußte.

Diese Effekte traten unbeabsichtigt und unerwartet auf. In anderen Fällen werden extreme situative Strukturen absichtlich als Mittel zum Auslöschen individueller Charakterunterschiede benutzt.

Ich wurde gegen Ende des Korea-Krieges zur Armee eingezogen. Ich kann mich noch gut an den Angriff auf meinen individuellen Charakter und mein Selbstgefühl erinnern, während ich in solch einer Einheit trainiert wurde. So wie ich es erlebte, bestand der Versuch der Militärs, die gewünschte Veränderung zu bewirken, darin, mich aller Ähnlichkeit mit dem, was ich zu sein glaubte, zu berauben. Erst dann konnten sie mich mit Zielen, Aktionen und Reaktionen programmieren und mir die Rolle zuweisen, die sie in ihrem kollektiven Unbewußten für mich ausersehen hatten.

Meine individuell gewählte Kleidung wurde durch eine Uniform ersetzt, mein Haar wurde zu einem nicht zu unterscheidenden ›Bürstenschnitt‹ reduziert, mein Name wurde durch eine fortlaufende Nummer ersetzt. Der alles beherrschende Slogan der Truppe lautete: »Dein Herz mag deiner Mutter gehören, aber dein Arsch gehört der Army!« Alle Rekruten wurden ständig mit Verachtung behandelt, unterdrückt und bis zur Erschöpfung angetrieben, damit wir Zivilisten zu Kampfmaschinen würden.

Einige dieser situativen strukturellen Druckmaßnahmen ähnelten sogar der Gehirnwäsche von Kriegsgefangenen. Der verstärkte Streß, die Deprivation und die selektive positive Verstärkung sind Praktiken, die sowohl von aggressiven religiösen Sekten zur Konversion ihrer jungen Klientel eingesetzt werden, als auch von ›Deprogrammierern‹, die diese Kinder retten sollen, um ihnen wieder die Charakterstrukuren der ursprünglichen Familien zu vermitteln.

In anderen Fällen geraten Individuen ohne eigenes Verschulden in extreme Situationen, welche die Persönlichkeit stark verändern. Ich erinnere mich daran, vor einigen Jahren einen Bericht über drei junge Psychologen gelesen zu haben, die herauszufinden versuchten, wie ein Patient in einer psychiatrischen Klinik lebt. Durch Losentscheid bestimmt, ließ sich einer von ihnen inkognito in eine staatliche Nervenheilanstalt aufnehmen.

Glücklich darüber, als Patient akzeptiert worden zu sein, glaubte er nun, die gewünschten Erfahrungen machen zu können. Nachdem er jedoch drei Tage in der Aufnahmestation verbracht hatte, war die situative Wirkung der psychiatrischen Institution so überwältigend geworden, daß dieser sensible, vertrauensvolle junge Psychologe die fast wahnhafte Vorstellung entwickelte, seine Kollegen hätten ihn in dieses Projekt einbezogen, um ihn für alle Zeiten als zurückgebliebenen psychiatrischen Patienten einzusperren.

Schon vor fast dreißig Jahren zeigten sozialpsychologische Experimente erstmalig, wie leicht individuelle Meinungen durch situativen Gruppendruck manipuliert werden können[8]. Solomon Asch versammelte kleine Menschengruppen in einem Raum, in dem sie gemeinsam eine Serie von Karten anschauten, auf denen Linienpaare von unterschiedlicher Länge abgebildet waren. Die Anwesenden wurden der Reihe nach gefragt, welche der Paare gleichlang und welche von ungleicher Länge seien.

Wie so viele andere sozialpsychologische Experimente, war auch diese Situation ein abgekartetes Spiel. Nur jeweils einer der Teilnehmer war in Wahrheit nicht informiert. Ohne es zu wissen, wurde dieses ›Ziel‹ unter eine Gruppe eingeweihter ›Lockvögel‹ gesetzt, das heißt, unter Assistenten des Experiments, die instruiert worden waren, bei bestimmten Karten übereinstimmend falsche Antworten zu geben.

Zusammen mit dem Rest der Gruppe wurde dem ahnungslosen Teilnehmer eine Karte mit zwei Linien von offensichtlich unterschiedlicher Länge gezeigt. Als er schließlich an die Reihe kam, hatten alle anderen Teilnehmer schon ihr Urteil abgegeben, daß beide Linien von exakt gleicher Länge seien. Die physikalischen Diskrepanzen zwischen den Linien waren so beträchtlich, daß die Versuchsperson unter normalen Umständen mit nur weniger als einem Prozent Wahrscheinlichkeit ein falsches Urteil abgegeben hätte. In dieser geplanten Gruppendrucksituation jedoch akzeptierte der naive Teilnehmer bei mehr als einem Drittel der Fälle das falsche Urteil der Mehrheit. Viele taten dies sogar, obgleich sie wußten, daß das, was sie sagten, nicht stimmte. Andere wurden durch die Ansicht der Mehrheit davon überzeugt, daß ihre eigenen individuellen Wahrnehmungen falsch seien.

Asch demonstrierte, wie situative Konformität die charakterlichen Werte bis hin zur Zerstörung des Selbstvertrauens diskreditieren kann. Einige Jahre später erforschte Stanley Milgram[9] in einer Serie von sozialpsychologischen Experimenten die Belastbarkeit des Charakters und der menschlichen Anstandsformen.
Milgrams Versuchsperson nahm die Rolle eines ›Lehrers‹ gegenüber einer anderen vermeintlichen ›Testperson‹ an, die der ›Lernende‹ sein sollte. Dem ›Lehrer‹ war unbekannt, daß der ›Lernende‹ ein ›Eingeweihter‹ war, ein instruierter Assistent des Experiments, der als geheimer Verbündeter Milgrams agierte. Der ›Lehrer‹ saß vor einem großen, eindrucksvollen Kasten mit einer Reihe von eingebauten elektrischen Schaltern, die jeweils 15 Volt kontrollierten und zusammen eine Stromstärke von 450 Volt erreichten. Über jedem dieser Schalter war eine Beschreibung des Schocks angebracht, den der Schalter angeblich auslöste. Die angegebenen Intensitätsgrade reichten von ›leicht‹ bis ›stark‹, und schließlich gab es auch noch einen roten Schalter, der bedrohlich nur mit ›XXX‹ bezeichnet war.
Der ›Lernende‹ saß in der Nähe an einem Tisch und war durch Elektroden an seinem Körper und Verbindungsdrähte mit dem elektronischen Schaltkasten verbunden. Der ›Lehrer‹ war instruiert worden, dem ›Lernenden‹ eine Serie von Fragen zu stellen. Wenn der ›Lernende‹ falsch antwortete, mußte der ›Lehrer‹ einen Schock verabreichen. Dem ›Lehrer‹ sagte man, daß die Elektroden tatsächlich mit dem Strom verbunden seien. Das Betätigen des Schalters verursachte dem ›Lernenden‹ in Wirklichkeit jedoch keine Schmerzen. Es war jedesmal nur das vereinbarte Signal für ihn, zu schreien und zu brüllen und sich sogar darüber zu beklagen, daß er ein Herzleiden habe und den Streß nicht mehr länger ertragen könne. Bei diesen Versuchen mußte die Versuchsperson manchmal sogar mit ansehen, wie der ›Lernende‹ reglos zusammenbrach, als habe er einen Herzanfall erlitten.
Immer wenn der ›Lehrer‹ aufhören wollte, befahl ihm ein Laborassistent im weißen Kittel, damit fortzufahren. Wenn der ›Lehrer‹ dann immer noch zögerte, wurde stärkerer Druck ausgeübt. Gleichzeitig wies ihn der Laborassistent darauf hin, daß er jegliche Verantwortung für das Ergebnis übernehme.

Die Resultate von Milgrams Experimenten stellen auf beunruhigende Weise den Glauben an die Integrität des individuellen Charakters in Frage. Unter den Originalbedingungen des Experiments befanden sich ›Lehrer‹ und ›Lernender‹ im selben Raum. Trotz wütender Proteste der ›Lernenden‹ führten etwa 40 Prozent der ›Lehrer‹ die Schocks in jeder Stärke aus.

Als man die Versuchsbedingungen abänderte und den ›Lernenden‹ in einen anderen Raum plazierte, so daß die Versuchsperson den Vorgang durch eine halbdurchsichtige Glasscheibe unpersönlicher beobachten konnte, waren die Ergebnisse noch extremer. Obgleich der ›Lehrer‹ den ›Lernenden‹ durch die gläserne Trennwand immer noch sehen und auch die Schmerzensschreie durch einen Lautsprecher hören konnte, setzten in diesem Falle sogar zwei von drei Versuchspersonen die vermeintlich stärksten Elektroschocks ein.

Als der ›Lehrer‹ die Hand des ›Lernenden‹ schließlich selbst auf die Schockplatte legen mußte, war noch immer einer von dreien in der Lage, bis hin zum rot markierten Grad XXX Schocks zu verabreichen. Bei der anschließenden Befragung projizierten viele der ›Lehrer‹ die Schuld auf die ›Lernenden‹, indem sie argumentierten, ein solches Ausmaß an Dummheit rechtfertige die Schocks.

Obgleich die meisten Versuchspersonen sich in mehr oder weniger starkem Maße situativer Autorität auslieferten, ist es ermutigend, daß sich einige von ihnen zumindest zeitweise trotzig gebärdeten. Der entscheidende Faktor, ob Versuchspersonen ihren individuellen Charakterwerten treu blieben oder nicht, war wohl, wie sehr sie *sich selbst* als prinzipiell verantwortlich für die Leiden des anderen sehen konnten. Die Teilnehmer, denen es gelang, die Verantwortlichkeit auf die Situation oder auf die Autorität zu projizieren, verhielten sich konträr zu ihren persönlichen Wertvorstellungen.

Wie Aschs Studie über Gruppendruck, bietet uns auch Milgrams Experiment über die Willfährigkeit Autoritäten gegenüber zumindest eine gewisse Beruhigung, daß in beiden Fällen die Versuchspersonen durch die Experimentatoren überlistet oder irregeführt worden waren. Eine neuere Studie von Zimbardo[10] zeigt jedoch,

wie das freiwillige Annehmen imaginierter sozialer Rollen genügend situativen Druck erzeugen kann, um die Charakterentwicklung und das persönliche Wertgefüge eines ganzen Lebens zu unterminieren. Die Studie über »Die Psycholopathologie der Haft« lieferte bedrückende Beweise über die Zerbrechlichkeit des persönlichen Verhaltensstils angesichts einer übermächtigen imaginären sozialen Situation. In der Stanford University wurde im Keller des Psychologischen Instituts ein Gefängnis simuliert. Normale junge männliche College-Studenten wurden als Versuchspersonen angeworben und man wies ihnen willkürlich entweder die Rolle eines Häftlings oder die eines Aufsehers zu.
Ursprünglich war das Experiment für einen Zeitraum von zwei Wochen geplant. Am sechsten Tag jedoch führten erschreckende Ergebnisse zum vorzeitigen Abbruch dieser Versuche. Die Versuchspersonen konnten nicht mehr zwischen ihrem persönlichen Selbst und ihrer jeweiligen Rolle unterscheiden. Viele der ›Aufseher‹ waren im willkürlichen Gebrauch ihrer Macht zu sadistischen Tyrannen geworden. Und sogar die ›guten Aufseher‹, deren Charakter den imaginären Rollen standgehalten hatte, verhinderten nicht das destruktive Verhalten der ›bösen Aufseher‹.
Das Verhalten jener Versuchspersonen, denen die imaginäre Rolle der ›Häftlinge‹ zugewiesen war, reichte von Panik und Depressionen bis hin zu skrupellosem gegenseitigem Verrat. Schnell und unwiderruflich determinierte die Situation Charakter und Ethik sowohl der ›Häftlinge‹ als auch der ›Aufseher‹. Die destruktive Wirkung der nur simulierten Haft war so stark, daß man beschloß, die Ergebnisse des Experiments dem Justizausschuß des US-Repräsentantenhauses vorzulegen.
Da ich in einer schmerzlich beschämenden, die Intimsphäre nicht achtenden Familiensituation aufgewachsen bin, entwickelte ich eine Charakterneigung, der schädlichen situativen Wirkung einer Gruppe auf den einzelnen stark zu mißtrauen. Ich kam schon früh zu der Überzeugung, daß jeglicher Gruppendruck, der auf Anpassung zielt, für das Individuum zerstörerisch sei. Das Thema meiner Dissertation lautete deshalb auch »Deduktives Folgern bei paranoiden Schizophrenen«, eine experimentelle Darstellung, daß wahnhaftes Denken logisch ist.[11]

Ich habe Gruppenprozessen niemals getraut. Institutionen, Behörden und gesellschaftliche Gruppen haben schlimmste Auswirkungen auf mich. Nur die Familie, an deren Entstehung ich beteiligt bin, und die Gesellschaft einiger weniger naher Freunde lassen mir die freiwillige Mitgliedschaft in bestimmten Gruppen als lohnend erscheinen. Ich habe viele fortlaufende Psychotherapiegruppen geleitet, manchmal waren es sieben pro Woche. Vor einigen Jahren gab ich sie alle auf. Auf meine Weise habe ich gute Arbeit geleistet, indem ich den therapeutischen Bedürfnissen der Patienten diente und auch selbst einen ausreichenden Lebensunterhalt damit verdiente. Jedoch mochte ich in bestimmten Situationen nicht, was dabei von mir selbst zum Vorschein kam. Nicht willens (oder unfähig), mich nur als einfaches Gruppenmitglied zu fühlen, griff ich oft in den laufenden Gruppenprozeß ein. Gewöhnlich verhielt ich mich so, als sei ich die Nabe eines Rades, um die sich die zusammenlaufenden Speichen jeder Interaktion drehen müßten.

Heute begegne ich jedem meiner Patienten ausschließlich unter vier Augen. Die einzige professionelle Gruppensituation, an der ich teilzunehmen bereit bin, sind Ausbildungs-Seminare unter meiner Leitung. Das liegt hauptsächlich an der damit verbundenen Möglichkeit, Gruppenerfahrung mit einer bestimmten Therapeutin und Freundin zu teilen, die bei den Sitzungen als Ko-Leiterin fungiert.

Um eine dieser Seminarssitzungen soll es im folgenden gehen. Beim Schreiben dieses Buches konnte ich mich nicht an den Namen einer sehr wirksamen Gruppenprozeßtechnik erinnern, die mir in diesem Zusammenhang bedeutsam erschien. Anläßlich eines Workshops der Amerikanischen Akademie der Psychotherapeuten hatte ich selbst an einer dieser diabolischen Gruppen teilgenommen. Die Gruppenleiter (›Berater‹ genannt) definieren dabei die Beiträge aller Teilnehmer nur als einen Ausdruck des Gruppenprozesses. Schließlich fühlen sich die Teilnehmer verzweifelt hilflos in ihrem vergeblichen Bemühen, ihre eigenen individuellen Identitäten einzubringen. Angeblich sollen die Teilnehmer aus dieser Verzweiflung konstruktive Ansätze zur Erfüllung der Gruppenaufgabe entwickeln.

Da ich mich nicht entsinnen konnte, wie diese Gruppenstrategie sich nannte, hatte ich einem Freund an der Westküste geschrieben, der einmal so etwas wie ein Experte darin gewesen war. Ich bat ihn darum, mich an ihren Namen zu erinnern. Ebenfalls sollte er mir alles nur erdenkliche Material aus seinen Aufzeichnungen und seiner Bibliothek schicken, das in diesem Zusammenhang von Belang sein könnte. Ich hatte jedoch noch keine Antwort von ihm erhalten.

Gelegentlich werden die Ko-Leiterin und ich bei diesen wöchentlichen Supervisionsseminaren mit Gruppenwiderstand konfrontiert, der aufgelöst werden muß, bevor die Sachdiskussion ihren Fortgang nehmen kann. In der Woche, als ich mich an den Namen jener wirkungsvollen Gruppentechnik zu erinnern versuchte, begann das Seminar mit einem zwanzigminütigen Schweigen. Zunächst versuchte ich während des Schweigens herauszufinden, was in der Gruppe vor sich ging. Als ich merkte, daß mir dies nicht gelang, ließ ich meine Aufmerksamkeit frei schweifen. Unerklärlicherweise fiel mir nun sogleich der Name jener Gruppentechnik ein, der mir in den Tagen zuvor nicht in den Sinn kommen wollte. Auf einen Schreibblock, der neben meinem Stuhl auf dem Tisch lag, schrieb ich ›Tavistock‹.

Als nach zwanzigminütigem Schweigen eines der Gruppenmitglieder schließlich zu sprechen begann, merkte ich, daß meine plötzliche Erinnerung an den Namen ›Tavistock‹ ein bedeutsames Omen gewesen war. Daher antwortete ich jetzt eine Zeitlang nach der Tavistock-Methode. Das heißt, ich interpretierte jeden individuellen Diskussionsbeitrag und jede Interaktionsabfolge zwischen den Teilnehmern so, als spräche jeder einzelne für die Gruppe als Ganzes. Während der ersten Wortwechsel saß meine Ko-Leiterin schweigend da. Sie schaute mich mit jener merkwürdigen Mischung aus Verwirrung und Vertrauen an, die unsere Bereitschaft ausdrückte, der Führung des anderen eine Zeitlang zu folgen, auch wenn man keinerlei Ahnung hatte, was der gerade vorhatte.

Das Tavistock-Modell ist eine Methode, die vor einigen Jahren von Wilfried Bion, A.K. Rice und Eric Miller am Tavistock Institute of Human Relations in London sowie von Margaret

Rioche[12] an der Washington School of Psychiatry entwickelt wurde. Das Ziel derartiger Gruppentrainings war die Förderung einer konstruktiven analytischen Mitwirkung am Gruppenprozeß in einer Weise, die den Teilnehmern die von ihnen gespielten Rollen sowohl erklären als auch erleichtern sollte.

Dies schloß die Notwendigkeit mit ein, die Aufmerksamkeit vom einzelnen weg auf den größeren Bereich der Gruppe zu lenken. Führerschaft und Autorität waren hierbei Punkte von besonderem Interesse, da sie als Verkörperung der grundlegenden Aufgabe der Gruppe angesehen wurden. Zu verstehen, in welcher Beziehung jeder der Gruppenteilnehmer zu diesen beiden Punkten stand, galt als beste Definition dafür, wie die Aufgabe ausgeführt wurde und was bei der Ausführung hilfreich oder störend sei.

Die Menschen finden sich bereitwillig zu Gruppen zusammen und lassen sich leicht von starken Gruppengefühlen überwältigen, jedoch ist es nicht leicht, sie auf konstruktive und kreative Gruppenziele hin zu lenken. Die Mitglieder einer Gruppe können sich freundlich, vertraut und einander nahe fühlen oder sie können aufeinander wütend sein und sich in Konkurrenzgefühlen ergehen. Jedoch sind (nach Bion und anderen) all diese Gefühle von zweitrangiger Bedeutung, im Vergleich zu dem, was der einzelne zum gemeinsamen Ziel beiträgt. Bions Konzept beinhaltete eine Verlagerung der Aufmerksamkeit von den einzelnen in der Gruppe auf das gesamte dynamische Feld. Das persönliche Leben, der Charakter und die Beziehungen einzelner Gruppenmitglieder untereinander waren *nicht* Thema dieser Studien. Die Gruppe als solche und ihre Struktur waren zum Hauptthema geworden.

Bion fing in der Tavistock-Klinik an, Sitzungen mit kleinen Gruppen durchzuführen. Obgleich er nicht dem Konzept eines Gruppensinns anhing, war sein Grundmodell das einer Arbeitsgruppe, in der alle Funktionen in Beziehung zur gemeinsamen praktischen Aufgabe definiert sind. Schon früh verwendete er viel Mühe darauf, herauszufinden, warum seine Studiengruppen manchmal die Aufgaben einer wohlorganisierten Arbeitsgruppe nicht ausführen konnten.

Seine Prämisse war, daß es drei Arten von Gruppenbehinderungen gibt, deren unterschwellige emotionsbeladene Ausprägungen die

Arbeit einer Gruppe zunichte machen. Dabei handelt es sich um Abhängigkeits-, Flucht/Kampf- und Paarbildungsgruppen. Zu diesem Zeitpunkt erschien es mir so, als habe sich unser Ausbildungs-Seminar in eine Abhängigkeitsgruppe verwandelt. Eine Abhängigkeitsgruppe gibt ihre Funktion als Arbeitsgruppe auf, indem ihre Teilnehmer von den Gruppenleitern geschützt und versorgt werden. Bis zu diesem Zeitpunkt können die Mitglieder der Gruppe durchaus kompetent gehandelt haben. Ganz plötzlich stellen sie sich nun so dar, als seien sie unreife Persönlichkeiten ohne eigenes Wissen.

Die Gruppenmitglieder vereinigen sich zu einem passiv-abhängigen Widerstand und vertrauen auf die allwissenden und allmächtigen Kräfte der Leiter. Mit ihrem Verhalten bringen sie zum Ausdruck, daß die weisen Leiter magisch eingreifen würden, um all ihre Probleme zu lösen, wenn sie nur lange genug ruhig warteten. Diese Haltung jedoch liefert den Leitern nicht genügend Information, um ihnen helfen zu können, selbst wenn sie es wollten. Die Atmosphäre in der Gruppe gleicht der in einem Kindergarten. Die Mitglieder bestehen darauf, daß die Leiter, wenn diese nur handelten, alles tun könnten, was zu tun sei. Idealisiert als guter Vater oder gute Mutter, der oder die sich auf perfekte Weise um die Kinder kümmert, können die Leiter der Versuchung erliegen, auf diese Erwartung einzugehen.

Zu diesem Zeitpunkt ist die passive Abhängigkeit der Gruppenmitglieder so stark, als wollten sie eher an ihren Wunden verbluten, als sich selbst um Lösungen zu bemühen.

Unbeabsichtigt mögen sie als Beweis ein Opfer präsentieren, das das Bedürfnis der Gruppe nach Fürsorge demonstriert. Wenn die eingesetzten Leiter sie im Stich lassen, mag die Gruppe auch nach alternativen Leitern suchen. Ihre kindliche Abhängigkeit kann sich in einer Schmollhaltung äußern, in mitleiderregendem Wimmern und in Wutausbrüchen. Die Gruppenmitglieder können sich aneinanderschmiegen wie kleine Kinder, die sich in einer Schneenacht im Wald verirrt haben. Jeder Versuch des Leiters, die Arbeit der Gruppe wieder aufzunehmen, wird pathetische Beteuerungen der Unzulänglichkeit hervorrufen. In Verbindung damit werden Klagen darüber aufkommen, daß der Leiter auf ihre Bedürfnisse nach menschlicher Anteilnahme und Fürsorge abweisend reagiere. Der erste Kommentar nach dem zwanzigminütigen Schweigen in der Supervisionssitzung stammte von einer Therapeutin, die anscheinend ein Thema aus der vorigen Sitzung wieder aufgriff. In gequältem Ton brachte sie hervor: »Was ist zu den dauerhaften Wirkungen frühkindlicher Enttäuschungen auf unsere Erwachsenenpersönlichkeit zu sagen? Gibt es denn gar keine Möglichkeit, unsere Patienten über die Schmerzen ihrer Kindheit hinwegzubringen?«

Nach einer Pause, die klarmachte, daß ich den Inhalt der Frage *nicht* beantworten würde, kommentierte ich zum gesamten Seminar gewandt: »Die Gruppe beharrt darauf, daß die Leiter ihre Schmerzen lindern und ihre Enttäuschungen wiedergutmachen müssen und ihren Mitgliedern für alle Zeit Glück bescheren sollen.«

Die Gruppe verfiel wieder in Schweigen, das jedoch jetzt von allgemeinem unbehaglichem und ruhelosem Gezappel begleitet wurde. Nach einigen Minuten dieser beunruhigenden Stille sprach ein anderer Therapeut mit irritierter Stimme: »Solch philosophische Fragen sind niemals praktisch zu lösen.«

Nachdem ich wieder lange genug gezögert hatte, ›tavistockte‹ ich wieder: »Die Gruppe ist wütend, weil die Leiter es der Gruppe überlassen, ihre eigenen Probleme zu lösen.«

Nach einigen weiteren Transaktionen schienen einzelne Gruppenmitglieder verzweifelt darum bemüht, ihre persönliche Identität wieder geltend zu machen. In dieser Gruppe war es Brauch, persönlich einen bestimmten Therapiefall zu präsentieren, damit er im Zusammenhang mit dem Charakter des betreffenden Patienten und des jeweiligen Therapeuten beleuchtet werden konnte. Als es zu diesem Umschwung kam, ging ich wieder dazu über, die Beiträge der einzelnen Teilnehmer bezüglich ihres Charakters und ihrer Imagination zu klären.

Für mich war diese Individualisierung eine glückliche Rückkehr zum angenehm vertrauten Terrain, die Überlegenheit der individuellen Imagination über das kollektive Bewußtsein zu erleben. Ich bin mir allerdings nicht sicher, ob man meine Bemühungen aus der theoretischen Sicht der Tavistock-Methode als Erfolg oder als

Versagen ansehen würde. Ich weiß nur: so hoffnungsvoll, wie ich einem väterlich furchteinflößenden Kollektiv allein gegenüberstehe, so ängstlich halte ich mich von den abhängigmachenden Forderungen gemeinschaftlicher Hoffnung fern. Wie der Hupu rufe ich aus: »Wie ist dies möglich? Der Geist vermag es nicht zu fassen.«

5. Verzweifelt hoffnungsvoll

Mit ihrem widerspenstig optimistischen Beharren auf die Hilfe durch den Leiter ähnelt die Haltung der passiv-abhängigen Gruppe jener einiger übertrieben hoffnungsvoller Charaktere. Auch sie bestehen darauf, daß sie auf irgendeine Weise schon ihren eigenen Weg gehen werden. Beide zahlen einen hohen Preis: die einen dafür, daß sie gegenüber unvermeidlichen Enttäuschungen ungerechtfertigte Hoffnungen aufbauen, die anderen für ihr nicht gerechtfertigtes Sicherheitsgefühl angesichts unerwarteter Gefahren.

Sowohl der übertrieben hoffnungsvolle als auch der übertrieben ängstliche neurotische Charakter sind jedoch nichts weiter als verzerrte Spiegelungen unserer eigenen Persönlichkeit. Eine Erfahrung verschafft uns ein gutes Gefühl. Natürlich hoffen wir, daß sie sich wiederholt. Eine andere Erfahrung verursacht ein schlechtes Gefühl. Wir fürchten, daß sie sich wiederholen wird. Die Richtung und die Stärke dieser positiven und negativen Erwartungen trägt wesentlich zu unserem Selbstbildnis, aber auch zu unserer Abbildung von der Welt bei.

Die Imagination ermöglicht uns die Illusion, vorauszusagen, was uns als nächstes erwarten wird. Persönlichkeitsstrukturen, die durch verzerrte Erwartungen geprägt sind, bieten illusionäre Beruhigung, deren Preis unnötiges Leiden ist.

Als Kinder erleben einige von uns ein elterliches Verhalten[1] (parenting), das uns in defensiver Weise mit diesen Erwartungen belädt. Stark vereinfacht dargestellt, wird das sich entwickelnde Selbstgefühl in den ersten drei Jahren primär durch den mütterlichen Einfluß bestimmt. Vom vierten bis zum elften oder zwölften Lebensjahr des Kindes überwiegt der väterliche Einfluß, der sich auch stark auf das Erlernen der sozialen Regeln und Normen auswirkt.

Ausreichend guter mütterlicher Einfluß führt zur Entwicklung eines Selbst, das optimistisch genug ist, um alleine überleben zu können, und dennoch ängstlich genug ist, um sich vor Gefahren schützen zu können. Guter väterlicher Einfluß sorgt für eine frohe Erwartungshaltung, die es dem Selbst ermöglicht, seine Wünsche auf befriedigende Weise auszudrücken, und die das Selbst in bestimmten Situationen auch genügend zu zügeln vermag, um unnötige Bestrafungen und Enttäuschungen zu vermeiden.

Einige Formen des fehlerhaften frühen mütterlichen und späteren väterlichen Verhaltens führen beim Kind in belastendem Maße zu negativen Erwartungen. Die Charakterstörung einer übertriebenen Ängstlichkeit ist die Folge, und am Ende kann das Leben des Kindes von furchterregenden Vorstellungen und von Verzweiflung beherrscht werden.

Andere, in der entgegengesetzten Weise irrende Eltern erzeugen unabsichtlich die Charakterstörung eines übermäßigen Hoffens. Letztlich ergeht es diesen ›optimistischen‹ Kindern nicht besser als ihren ängstlichen Gegenstücken. Der einzige Unterschied besteht darin, daß ein Leben, in dessen Mittelpunkt ›positive‹ Erwartungen stehen, von sinnlosen Sehnsüchten und leerer Hoffnungen belastet wird.

Eine orientalische Geschichte über kreative Hoffnung in ihrem besten Sinne finden wir in der bekannten Märchensammlung *Geschichten aus Tausendundeiner Nacht*[2]. Diese im einfachen Erzählstil gehaltenen Wundergeschichten von mächtigen Zauberern und allgegenwärtigen Dschinnen aus Indien, Persien und Arabien sind eine freche und heitere, sinnliche und künstlerische Dokumentation der Imagination des mittelalterlichen Islam.

Diese Meisterstücke der Unterhaltung, am bekanntesten davon sind die Abenteuer Aladdins und die Reisen Sindbads, des Seefahrers, werden durch die Rahmenerzählung von Scheherazade miteinander verbunden. Scheherazades Geschichte beginnt damit, daß ein Sultan namens Shahriyar seinen jüngeren Bruder Shazaman einlädt, seinen Hof zu besuchen. Als Shazaman unerwartet an seinen eigenen Hof zurückkehrt, um ein vergessenes Geschenk zu holen, findet er seine Frau in den Armen eines Sklaven. Er zieht sein Schwert und tötet die beiden auf dem Liebeslager.

Als er am Hofe des Sultans ankommt, beschließt der unglückliche jüngere Bruder, seinen Kummer für sich zu behalten. Da er jedoch seinen Schmerz nicht vergessen kann, lehnt Shahzaman die Einladung Shahriyars ab, ihn bei einer Jagd zu begleiten. Der jüngere Bruder, der im Gästeflügel des Palastes zurückbleibt, sitzt am Fenster und schaut in den Garten des Sultans. Dort sieht er die Männer und Frauen, die im Palast Sklavendienste versehen. Die schönste Frau unter ihnen ist die Gemahlin seines Bruders. Die ganze Gruppe ist ins Liebesspiel versunken, unter ihnen auch die Frau des Sultans.

Da er nun erkennt, daß das Unglück des Sultans nicht geringer ist als sein eigenes, beschließt Shazaman, diesem die Ursache seiner Betrübtheit mitzuteilen. Als sein Bruder von der Jagd zurückkehrt, erzählt er Shahriyar von ihrem gemeinsamen Problem. Da der Sultan diese schreckliche Geschichte nicht ohne Beweise glauben will, willigt er ein, so zu tun, als ginge er erneut auf die Jagd. Statt dessen jedoch versteckt er sich heimlich im Palast, um mit eigenen Augen zu sehen, was dort während seiner Abwesenheit vor sich geht.

Als sich die Szene vor seinen Augen erneut abspielt, bittet Shahriyar seinen jüngeren Bruder, ihn zu begleiten. Er besteht darauf, daß beide ihren hohen Stand verlassen und in der Welt umherwandern sollten, um zu erfahren, ob anderen Königen ebenfalls solche Schande angetan wird. Auf ihren Reisen kommen sie an einen fernen Strand und treffen eine im Sand sitzende junge Frau, auf deren Knien der Kopf eines schlafenden Dschinn liegt.

Die junge Frau droht, den mörderischen Dschinn zu wecken, und zwingt so die beiden Brüder, sie zu lieben. Nachdem sie dies getan haben, nimmt sie die Ringe der beiden und fügt sie einer Sammlung von neunundneunzig Ringen früherer Liebhaber hinzu. Sie erklärt: »Dieser Dschinn entführte mich in meiner Hochzeitsnacht und sperrte mich in einen Kasten, den er in einer Kiste verschloß. Er sicherte die Kiste mit sieben Schlössern und brachte mich darin auf den Grund des tosenden Meeres. Jedoch war ihm wohl nicht klar, wie schlau wir Frauen sind.«[3] Verwundert über die Geschichte dieser Frau erlangen die beiden Brüder gemeinsam die Erkenntnis, daß solch einfache Sterbliche wie sie sich wohl kaum vor Betrug schützen können, wenn nicht einmal ein mächtiger Dschinn erfolgreich die List einer Frau bändigen kann.

Verzweifelt kehren die Brüder in den Palast zurück. Der Sultan Shahriyar läßt seine Frau und die sündigen Sklaven töten. Dann beschließt er, einen Plan in die Tat umzusetzen, der ihm die einzige Sicherheit gegen Untreue zu bieten scheint. Von jenem Tage an soll jede Nacht eine Jungfrau mit ihm das Lager teilen. Am folgenden Morgen will er sie dann töten. So geschieht es drei Jahre lang, bis seine Untertanen schließlich beginnen, mit ihren Töchtern fluchtartig das Land zu verlassen.

Einer dieser Untertanen ist ein Wesir, selbst Vater zweier Töchter. Scheherazade, die ältere der beiden, ist ebenso weise wie ergeben. Als sie hört, welche Sorgen sich ihr Vater um die Frauen des Landes macht, bittet sie ihn, daß er sie dem Sultan zur Frau geben solle. Sie erklärt sich bereit, die Töchter des Islams unter Einsatz ihres Lebens zu retten.

Der Wesir fleht sie an, sich nicht in die Gefahr zu begeben, ihr Leben zu opfern. Als er jedoch erkennt, daß Scheherazade die Hoffnung auf Erfüllung ihrer Mission nicht aufgeben will, trifft er widerwillig die Vorbereitungen für die Hochzeit seiner Tochter mit dem Sultan.

Allerdings weiß er nicht, daß Scheherazade einen geheimen Plan entwickelt hat. Bevor sie sich zum Hof des Sultans begibt, offenbart sie ihrer jüngeren Schwester, sie werde in der Hochzeitsnacht nach ihr schicken lassen. Nach der Eheschließung soll die jüngere Schwester sich zu dem Paar gesellen und Scheherazade bitten, eine ihrer wundervollen Geschichten zu erzählen.

Die Hochzeit nimmt ihren Lauf, und nachdem die Ehe vollzogen ist, erscheint die jüngere Schwester. Wie verabredet, bittet sie Scheherazade, eine Geschichte zu erzählen, um so die Nacht auf angenehme Weise zu verbringen. Scheherazade stimmt zu, vorausgesetzt, der Sultan erlaube es ihr. Da dieser an Schlaflosigkeit leidet, erfüllt er die Bitte hocherfreut und lauscht begierig der Erzählung seiner Braut. Er ist von der Geschichte so angetan, daß er am Morgen ihr Leben schont, damit sie am Abend mit dem Geschichtenerzählen fortfahren kann.

Zwischen dem Prolog und dem Epilog der Sammlung spinnt sie

das Garn dieser unterhaltsamen Geschichten, die tausendundeine Nacht lang ihren Fortgang nehmen. Während dieser Zeit gebiert Scheherazade Shariyar drei Söhne. In der tausendundersten Nacht bittet sie ihren Gatten um eine Gunst. Sie tritt mit ihren Kindern vor ihn hin und fleht ihn an, ihr Leben zu schonen.

Der Sultan schwört bei Allah, er habe ihr schon vor der Geburt der drei Kinder verziehen. Die tausendunderste Nacht wird für ihn heller als der Tag!

Am folgenden Morgen läßt er ein großes Fest ankündigen. Scheherazades Vater, der Wesir, wird an den Hof geholt, wo man ihm Ehre angedeien läßt. Der Sultan sagt zu ihm, Allah habe seine Tochter zur Erlösung seines Volkes auserwählt. Der Sultan erlebte seine Frau als so tugendhaft, weise und überzeugend, daß er durch sie zur Reue fand. Von dieser Zeit an regierte Shahriyar gerechter über seine Untertanen. Er und Scheherazade lebten fortan glücklich und zufrieden, ohne daß die Sultana weiterhin das nächtliche Lösegeld einer Wundergeschichte zahlen mußte.

Die neurotischen Gegenstücke zur kreativen Scheherazade, einige übertrieben hoffnungsvolle Charaktere, versuchen ihre unterdrükkenden Sultan-Eltern mit einem falschen Selbst zu täuschen, von dem sie hoffen, daß es die Eltern eher zu besänftigen vermag, als das Zeigen ihrer wahren Persönlichkeit. Scheherazades frühe krypto-feministische Vision geht über die verzweifelten Bestrebungen dieser neurotisch-hoffnungvollen Charaktere hinaus. Sie möchte dem wahren Selbst zum Durchbruch verhelfen, indem sie die gefährdeten Töchter des Islams freikauft. Die Verzweiflung der neurotischen Charaktere schränkt deren Zielsetzung auf wesentlich engere Grenzen ein. Alles, was sie erreichen wollen, ist die Umwandlung einer unterdrückenden Mutter in eine gute Mutter, selbst wenn sie dabei ihr eigenes wahres Selbst opfern müssen.

Während der ersten drei Jahre der Entwicklung des Selbst[4] reagiert das Kind mit der Herausbildung eines neurotisch-hoffnungsvollen Charakters entweder auf zudringliches oder auf ausbeuterisches Mutterverhalten. Zunächst lernt die sich entwickelnde Persönlichkeit, ihr wahres Selbst einem falschen Selbst zu opfern, von dem sie glaubt, es werde die Bedürfnisse der Mutter befriedigen. Später versucht dieser Mensch dann selbst auf skrupellose Weise, andere Menschen zu manipulieren. Er lebt in der verzweifelten Hoffnung, daß er eines Tages für all seine früheren Verluste entschädigt wird. Die Hoffnungen des Kindes stützen sich auf die Kraft der Selbstaufopferung, die des erwachsenen Neurotikers auf die Macht der Manipulation.

Im Alter von drei Jahren ist die innere Entwicklung der Seele im wesentlichen abgeschlossen. Danach liegt das Schwergewicht kindlicher Persönlichkeitsentwicklung auf Ausdruck und Kontrolle seiner Impulse in der äußeren Welt. Dieser Aspekt der Persönlichkeit wird hauptsächlich durch die Qualität des väterlichen Verhaltens bestimmt, dem das Kind ausgesetzt ist.

Schlechter väterlicher Einfluß kann später zu größeren neurotischen Hoffnungen führen. Dazu kann es kommen, wenn der Vater nicht genügend Interesse bekundet oder paradoxerweise dann, wenn das übermäßige Interesse des Vaters kaum darauf gerichtet ist, dem Kinde seinen eigenen Weg zu ermöglichen. Mangel an väterlichem Interesse kann die unterschwellige Hoffnung nähren, daß es irgendeine Möglichkeit geben muß, Interesse und Beifall des Vaters hervorzulocken, wie schmerzhaft dieser Versuch auch sein mag. Andererseits ermutigt übermäßige väterliche Nachsicht das Kind dazu, dem Vater mit seinem Verhalten zu gefallen, jedoch all jene Teile des Selbst zu verleugnen, für die es nicht auf seinen Beifall hoffen kann.

In jedem Fall jedoch sind die ›realen‹ Ursachen für ein schlechtes elterliches Verhalten und die Möglichkeiten, dieses zu vermeiden, nur von geringer Bedeutung. Die Ergebnisse werden ja durch die Wunschvorstellungen des Kindes geprägt.

Ungenügende mütterliche Fürsorge während der ersten drei Lebensjahre ist für das Kind oder den Säugling nicht prägender als die spätere mangelhafte väterliche Fürsorge. Ein Kind, das in so jungen Jahren unter Vernachlässigung oder Inbesitzname leidet, ist nicht in der Lage, zwischen dem grausamen Mißbrauch eines lieblosen Elternteils und der ungenügenden persönlichen Aufmerksamkeit zu unterscheiden, die ein liebevoller, aber behinderter Mensch zum eigenen Bedauern nicht aufbringen kann. Das Kind sieht die Mutter mit ihrem Verhalten anfänglich als allmäch-

tig und allwissend an. Konsequenterweise wird jeder mütterliche Akt und auch jede Unterlassung als *beabsichtigt* erlebt.
Kurze Perioden der Frustration müssen nicht unbedingt langfristige psychologische Störungen bei der Entwicklung des kindlichen Selbstgefühls zur Folge haben. Tatsächlich kann sogar eine verzögerte Befriedigung der kindlichen Bedürfnisse dazu beitragen, dem Kind das Gefühl zu nehmen, mit der Mutter symbiotisch verbunden zu sein. Gute Mutterschaft erfordert die Fähigkeit und Bereitschaft der Eltern, nah und akzeptierend an den Stimmungen und Spannungen des Kindes teilzunehmen.
Zu Anfang wird sofortige Belohnung benötigt. Dann muß das Kind allmählich ein Selbst entwickeln, das sich eines Tages mit einer weitgehend indifferenten Welt auseinanderzusetzen in der Lage ist. Eine gute mütterliche Fürsorge muß dem Kind auch helfen, mit zunehmenden Frustrationen, die bei einer Verweigerung sofortiger Befriedigung entstehen, fertig zu werden.
Manchmal resultiert jedoch der mütterliche Mangel an Mitgefühl auch nur aus dem unglücklichen Zusammentreffen zweier verschiedener Temperamente.[5]
Kleinen Kindern ist es anscheinend unmöglich, die völlige Hilflosigkeit zu ertragen, die mit der Einsicht verbunden ist, daß sich ein großer Teil des elterlichen Verhaltens nicht auf ihre Person bezieht. Müßte ein Kind erkennen, daß man es unverdientermaßen und ohne ersichtlichen Grund schlecht behandelt, so würde etwas in diesem Kind absterben. Wenn das Kind jedoch das mangelhafte elterliche Verhalten an eigenen Fehlern oder Mißgeschicken festmacht, dann kann es sich vorstellen, diese Situation später einmal zu korrigieren. Das schafft das übermäßig hoffnungvolle Kind durch die Vorstellung, daß eine Besserung seines eigenen Verhaltens die Eltern eines Tages schon zufriedenstellen wird. Dem entspricht das Beharren des übermäßig ängstlichen Kindes, momentane Fehler in Zukunft vermeiden zu können. Beide glauben mehr willentliche Macht über späteres Geschehen zu haben, als sie tatsächlich besitzen.
Spätere Erfahrungen in der Welt werden sowohl gut wie auch schlecht sein. Für das Kind, das unzureichende elterliche Fürsorge erfahren hat, bietet die Erfahrungswelt des Erwachsenen viel mehr

Möglichkeiten, als die neurotische Familienkonfiguration ihm eröffnen konnte.

Da der neurotische Charakter jedoch durch die Verzerrungen der gestörten Persönlichkeit eingeschränkt ist, vermag er nicht zu erkennen, wie sehr sich das Erwachsenenleben von dem der Kindheit in der Familie unterscheidet. Auch kann dieser Erwachsene mit seiner begrenzten Imagination nicht klar unterscheiden zwischen jenen Erfahrungen, die von seinem eigenen Verhalten geprägt sind (an dem er etwas ändern *kann*) und jenen, die nichts weiter sind als die unsicheren Erscheinungsformen des Schicksals (worüber man kaum persönliche Kontrolle ausüben kann). Für solche Menschen ist einzig entscheidend, daß ihre übertriebenen Hoffnungen (oder Ängste) ihnen die Illusion verschaffen, daß sie in der Hand haben, was mit ihnen geschehen wird.

Indem er voraussetzt, dies sei die beste aller möglichen Welten, setzt der übermäßig optimistische Charakter sein Eigeninteresse mit dem Plan der göttlichen Vorsehung gleich. Diese von Hoffnungen bestimmte Haltung leugnet untergründige Ängste, lindert den Schmerz der Enttäuschung und verleiht einer schicksalhaften Lebenssituation scheinbar Sinn. Solche Menschen weigern sich, Verantwortung für ihr eigenes Glück zu übernehmen, während sie gleichzeitig abhängig auf Entschädigungen für Enttäuschungen der Vergangenheit warten. Der Preis dieser Verteidigungsmechanismen für den einzelnen liegt in der Begrenzung der weiteren persönlichen und spirituellen Entwicklung, welche sowohl eine unbeschränkte Imagination als auch Offenheit gegenüber späteren neuartigen Lebenserfahrungen beinhalten könnte. Dieser hohe und unerwartete Preis wird von ihnen ohne jede weitere Prüfung gezahlt.

Scheinbar auf zukünftigen Lohn wartend, bleibt der übermäßig hoffende Charakter insgeheim der Vergangenheit verhaftet. Solche Menschen tun so, als würden sie niemals der Kindheit entwachsen, als würde sie stets jemand beschützen und als würden eines Tages all ihre Hoffnungen in Erfüllung gehen. Schließlich, darauf bestehen sie, werden sie als Erwachsene einmal für all das entschädigt werden, was ihnen als Kind gefehlt hat.

Die übermäßig optimistischen Charaktere füllen ein weites Spektrum aus. Am einen Ende befinden sich die scheinbar nachgiebigen Erwachsenen, die ständig mit allen Mitteln versuchen, gute Kinder zu sein. Am anderen Ende befinden sich jene schamlosen, leichtfertigen, selbstgerechten Reformer, die versessen sind auf den endgültigen Sieg über die tyrannischen Eltern der ganzen Welt. Jedoch spielt es letztendlich keine Rolle, ob der übermäßig optimistische Standpunkt von denjenigen aufrechterhalten wird, die ängstlich bemüht sind, zu gefallen, oder ob es sich dabei um die wagemutigen leichtsinnigen Abenteuerer und selbsternannten Rächer handelt. Hoffnungen können ebenso leicht durch vorgetäuschte Bescheidenheit wie durch gespielte Tapferkeit aufrechterhalten werden.

In beiden Fällen werden die wirklichen Gefahren des Lebens verdunkelt und nicht vorhergesehene Gelegenheiten zum Wachstum verpaßt. Die unberechenbare Vieldeutigkeit des Lebens wird ignoriert, und unzulässig stark vereinfacht.

Übertriebene Ängste und neurotische Hoffnungen zwingen der Zufälligkeit des Schicksals eine imaginäre Ordnung auf. Übertriebener Optimismus beharrt auf einem Traum von Perfektion, der solchen Charakteren die Kraft raubt, die lebenslangen Kämpfe jedes Erwachsenen zwischen den ethischen Idealen und der eigenen Unvollkommenheit durchzustehen.

Auf jeden Fall ist Hoffnung nicht Vertrauen. Hoffnung beharrt darauf, daß sich die Dinge nach unseren Vorstellungen entwickeln werden, ohne dabei zu erkennen, daß uns das Leben auf diese Weise eine Enttäuschung nach der anderen beschert.

Ein Kind, das im Leben sehr früh eine aufdringliche oder ausbeuterische mütterliche Zuwendung erlebte, wurde so behandelt, als sei es ziemlich gleichgültig, wer oder was dieses Kind nun ist. Solche Kinder müssen Möglichkeiten finden, den völligen Verlust ihrer Identität und ihres Selbstwertgefühls zu verhindern. Dies ist für sie nur zu schaffen, wenn sie in ihrer Vorstellung Macht über andere erlangen können. Der Hauptunterschied zwischen jenen Kindern, die durch Bestechung verletzt worden sind, und jenen, die durch Drohungen erpreßt worden sind, besteht einfach darin, daß sie bei späteren Versuchen, andere Menschen zu benutzen, entweder das Zuckerbrot oder die Peitsche bevorzugen werden.

In beiden Fällen stellt ein geheimes Empfinden der Wertlosigkeit den schmerzlichen Angelpunkt einer solchen Persönlichkeit dar. Kinder, deren Leben durch Versprechungen, sie seien etwas Besonderes, verformt worden ist, binden später andere mit ähnlich verführerischen Bindungen an sich. Emotional geschädigte Kinder müssen, während sie aufwachsen, ständig Drohungen nachgeben. Dies tun sie jedoch nicht, ohne sich an unterlegenen Persönlichkeiten zu rächen. Ein solches Erbe kann sich in endloser Folge von einer Generation zur nächsten übertragen.

Schaden, der durch frühes mangelhaftes mütterliches Verhalten ausgelöst worden ist, kann teilweise durch späteres besseres väterliches Verhalten ausgeglichen werden. Jedoch machen bestimmte Arten von schlechter väterlicher Einflußnahme die Dinge nur noch schlimmer. Das geschädigte Kleinkind wendet sich seinem Vater mit der Hoffnung zu, in ihm eine zweite (bessere) Mutter zu finden. Sollte sich jedoch herausstellen, daß der Vater kalt, distanziert und uninteressiert reagiert, so gibt das optimistische Kind nicht auf. Statt dessen macht es sich selbst für die Nichterfüllung seiner Hoffnungen verantwortlich. Sein Leben wird dann wahrscheinlich von Kämpfen und Leiden geprägt sein, von unnötigen Enttäuschungen und ungerechtfertigter Selbstkritik.

Später werden sich die verzweifelt an ihre Hoffnungen klammernden Kinder zu anderen selbstbezogenen Menschen hingezogen fühlen, die nicht geben können. Wenn sich diese außerfamiliären Beziehungen als nicht lohnend erweisen, glaubt der optimistische Charakter wieder, es sei sein eigener Fehler. Solche Menschen können ihr ganzes Leben damit verbringen, sich einzubilden, daß sie es eines Tages schon schaffen werden, alles richtig zu machen. Und dann werden sie sicherlich von jedermann geliebt werden.

Eine andere hoffnungsverstärkende Art schlechter väterlicher Fürsorge tritt in Form von zu großer Nachsicht auf. Das zuvor einer mangelhaften mütterlichen Fürsorge ausgesetzte Kind ist ein leichtes Opfer für Väter, die versuchen, ihr eigenes Gefühl der Wertlosigkeit zu kompensieren, indem sie zum bewunderten Papi eines ganz besonderen Kindes werden.

Der Kuhhandel geht gewöhnlich wie folgt vonstatten: Unausgesprochen verspricht Papi, daß das Kind immer die beliebteste, wundervollste Rolle im Theaterstück des Familienlebens spielen wird. Wenn das Kind nun die Rolle übernimmt, die Papi ihm zugedacht hat, so verspricht er, wird das Kind ein Star werden. Unglücklicherweise stellt sich jedoch bald heraus, daß die Familienserie eine Seifenoper ist. Ihre gelegentlichen vielversprechenden Glücksmomente weichen schon bald melodramatischen Krisen. Jedem hoffnungsvollen Aufschwung folgt eine tragische Enttäuschung. Und was das Schlimmste ist, ohne Spielplan sind die Stars nicht einmal von den Statisten zu unterscheiden. Der Broadway und die Zeit der großen Ehrungen stehen stets mit Sicherheit in der nächsten Spielzeit bevor. Der optimistische Charakter weiß, daß das »im Show Business nun einmal so ist«, und hofft weiterhin auf den großen Wurf.

Kürzlich erhielt ich einen Anruf von Eileen, einem neurotischen Gegenstück der heroisch optimistischen Scheherazade. Sie bat aufgeregt um eine Beratung. Während des einleitenden Telefongesprächs drückte sie schon ihre Freude darüber aus, daß ich mich zu einem Treffen bereiterklärte, und sie beteuerte, daß unsere Begegnung sich mit Sicherheit als lohnend erweisen würde.

Als sie pünktlich zu unserer ersten Verabredung erschien, demonstrierte sie schon gleich zu Beginn ihre Kompetenz als professionelle Patientin, indem sie mit der Präsentation ihrer ›Fallgeschichte‹ begann. Sie war die älteste von drei Schwestern. So weit sie sich zurückerinnern konnte, war sie eine ›Überfliegerin‹ gewesen, die all das vollbringen konnte, was die Mutter von ihr verlangte. Dennoch war die Mutter niemals zufrieden. Sie stand auch stets bereit, um Eileen zu überwachen, damit das Kind nicht seine Zeit damit vergeude, »nichts zu tun« oder »nur zu spielen« oder »sich zu sehr aufzuregen«. Die Mutter sagte ihr dann, was sie statt dessen tun solle. Das Kind lernte bald, seine eigenen Bedürfnisse beiseite zu schieben, um die Ängste der geplagten Mutter zu zerstreuen.

Eileens Vater hatte sich einen Sohn gewünscht. Stillschweigend ignorierte er die enttäuschende Tatsache, daß Eileen ein Mädchen war. Als Gegenleistung versuchte sie, alle Ziele zu erreichen, die ihr eines erstgeborenen Sohnes würdig zu sein schienen. Folglich ordnete sie in der Schule ihre eigenen Ambitionen den Wünschen des Vaters unter, der sie als herausragende Sportlerin und politische Persönlichkeit sehen wollte.

Unglücklicherweise gab es da einen Haken. Der Vater glaubte an sie, ermutigte sie, erwartete eine Menge von ihr, fand aber dann doch die Resultate ihrer Bemühungen niemals ausreichend. Verständlicherweise blieb Eileen optimistisch, arbeitete hart und war fürchterlich enttäuscht *über sich selbst*.

Sie beschrieb sich als jemanden, der wisse, wie man den Leuten »ein wenig« gefällt, um ihr Interesse »eine Zeitlang« zu erhalten, und sie behauptete von sich, stets die Hoffnung aufrecht erhalten zu können, daß sie es eines Tages doch noch lernen werde, »alles richtig hinzukriegen«. Sie führte eine gute Ehe, hatte eine erfolgreiche berufliche Karriere gemacht, besaß einen »ausgezeichneten Ruf in der Gemeinde«, und doch war sie von dem Gefühl befallen, daß »nichts im Leben mir wirklich sinnvoll zu sein scheint«. Ich war ihr vierter Psychotherapeut. Dieses Mal war sie jedoch überzeugt, daß sie es schaffen könnte.

Während unserer ersten Sitzung beschäftigte sie sich nicht mit der Erforschung ihres persönlichen Schmerzes. Da sie einige meiner Schriften gelesen hatte, war Eileen zu der Überzeugung gekommen, ich sei ein Therapeut, der »gerne Träume interpretiere«. Konsequenterweise verbrachte sie den größten Teil der Sitzung mit ihrer Glanzleistung, mir vier (!) Träume zu erzählen und sie dann anschließend zu interpretieren – sie hatte sie in der vorangegangenen Nacht extra für mich geträumt.

Wie ihr auf sinnvollere Weise kreatives Gegenstück, Scheherazade, glaubte diese Patientin, daß ihre einzige Hoffnung darin bestünde, bezaubernde Unterhaltung zu bieten. Die Bemühungen der erzählenden Sultana, ihren Unterdrücker zu bezaubern, reichten jedoch weit über das Befriedigen seiner Bedürfnisse hinaus und waren darauf gerichtet, sich selbst und alle übrigen Frauen des Landes zu befreien. Dagegen waren alle Mätzchen Eileens leicht durchschaubar und kurzsichtig darauf gerichtet, den anderen zufriedenzustellen, ohne jedoch tatsächlich etwas Wesentliches für sich selbst zustandezubringen.

6. *Beruhigend furchtsam*

Der Imagination fällt bei der Bildung des überzeichneten Charakters hauptsächlich die Rolle zu, Einstellungen und Erwartungen zu gestalten. Im Gegensatz zu den imaginativ vielversprechenden, weltklugen Erwartungen der Scheherazade werden die exzessiv hohen Hoffnungen von Menschen mit einer Charakterstörung oft zu dämonischen Wünschen, die am Ende enttäuscht werden.

Fehlgerichtete Hoffnungen werden von den emotional ausgebeuteten Kindern in übermäßiger Stärke entwickelt. Andererseits entwickeln Kinder, die eingeschüchtert oder vernachlässigt wurden, oft übertriebene, als Schutz dienende Ängste. Der Preis zur Aufrechterhaltung solcher Sicherheit sind mangelnde Risikobereitschaft und verpaßte Gelegenheiten, unerwartete und lohnende Erfahrungen zu machen.

Angst ist eine natürliche Antwort auf den zu erwartenden Schmerz. Im besten Fall kann uns Angst vor unnötigem Verlust schützen, ohne uns gleichzeitig so sehr einzuschüchtern, daß wir die Hoffnung aufgeben, auch bei einer in Aussicht stehenden Belohnung oder Vergnügung etwas zu riskieren.

Wie auch europäische Märchen stellen orientalische Fabeln oft übertriebene Ängste und von Hoffnungen begleitete Mutproben in Form von Geistergeschichten dar. Die schaurige Prüfung durch eine Begegnung mit einem Geist weist symbolisch auf verborgene Aspekte unseres eigenen Selbst hin, die uns als Zweifel und Ängste verfolgen. Wenn wir unser Leben nicht nur mit Ängsten und leeren Hoffnungen vergeuden wollen, müssen wir uns den gespenstischen Geistern unseres geheimen Selbst stellen und sie zur Ruhe bringen.

Ebenso ging es dem heldenhaften Hindukönig, dessen Kampf mit der großen Dunkelheit in den fünfundzwanzig Geschichten der Sammlung *Der König und der Leichnam* wiedergegeben wird.[1 2 3]

Die Geschichte beginnt in einer Zeit, als der insgeheim ängstliche Held seine Angst souverän mit dem Mantel einer undurchdringlichen Selbstzufriedenheit beschwichtigte. Jeden Tag erscheint ein heiliger Bettler am Hofe und schenkt dem König schweigend eine Frucht. Mit der äußerlichen Apathie von versteckt ängstlichen Charakteren nimmt der König dieses Geschenk jeweils an, ohne es besonders zu beachten, und übergibt es unbesehen dem neben ihm sitzenden Schatzmeister. Jeden Tag geht auch der Bettler so wie er gekommen ist – schweigend, ohne daß er selbst um etwas gebeten hätte.

Nach zehn Jahren dieser wortlosen Scharade gibt der König eines Tages das Geschenk seinem Schoßaffen. Als das Tier in die Frucht hineinbeißt, fällt ein wundervoller Edelstein aus seinem Inneren. Der König trägt dem Schatzmeister nun auf, nachzuschauen, was aus all den anderen Geschenken geworden sei. Es stellt sich heraus, daß sie in eine Schatzkammer geworfen wurden, deren Boden nun von verfaulenden Früchten und kostbaren Juwelen bedeckt ist.

Der König ist hocherfreut aber auch neugierig. Am folgenden Tag spricht er den Bettler unter vier Augen darauf an, und dieser bittet ihn zum ersten Mal um eine Gegengabe für sein Geschenk. Er wünscht sich von dem König, dieser möge ihm als unerschrockener Held bei einem Exorzismusritual helfen. Der König willigt ein, ihn in der Nacht des nächsten Neumondes auf dem großen Bestattungsplatz zu treffen, der zugleich Verbrennungsplatz für die Toten und Hinrichtungsstätte für Verbrecher ist.

Die Blindheit und Selbstzufriedenheit des königlichen Charakters soll auf diesem dunklen Bestattungsplatz seines geheimen Selbst entlarvt werden. Der Bettler ist, wie sich jetzt herausstellt, nicht nur ein frömmelnder Asket sondern auch ein verrückter Zauberer. Der König muß sich den Geistern seiner eigenen dunklen, angsterfüllten Vergangenheit stellen. Nur durch diese Prüfung kann er zu einem Leben im Gleichgewicht zwischen ungewisser Hoffnungen und risikoreicher Spontaneität gelangen.

In der Dunkelheit der vereinbarten Nacht macht sich der verkleidete König, bewaffnet mit einem Schwert, zu jenem schrecklichen Treffen auf. Überall liegen verkohlte Schädel und Skelette herum.

Ghule und Dämonen erfüllen die Luft mit schauerlichem Lärm. Als der König näher tritt, um zu erfahren, was er tun soll, zieht der alte Zauberer einen magischen Kreis um ihn. Er trägt dem König auf, sich zu einem großen Baum am anderen Ende des Begräbnisplatzes zu begeben, an dem ein Gehängter baumelt. Diesen soll er abschneiden und in den magischen Kreis tragen.

Zitternd, aber entschlossen, geht der König über den Bestattungsplatz und nähert sich dem Galgenbaum, um die seltsame Frucht zu ernten. Er klettert auf den Baum und durchschneidet das Seil mit seinem Schwert. Als der Körper zu Boden fällt, vernimmt er ein Stöhnen. Der König untersucht die steife Gestalt, um festzustellen, ob sie noch lebt. Da entweicht ihrer Kehle ein geisterhaftes Lachen. Der König stellt den Geist zur Rede, aber als er zu sprechen beginnt, schwebt der Leichnam wieder an den Ast des Baumes zurück.

Der König steigt erneut auf den Baum, um den Leichnam wieder abzuschneiden, achtet aber diesmal darauf, daß er keinen Laut von sich gibt. Er hievt den Körper auf seine Schulter und stapft mit ihm über den Bestattungsplatz. Bevor er jedoch auch nur wenige Schritte getan hat, flüstert die Stimme des Leichnams ihm ins Ohr: »Ich will dir eine Geschichte erzählen, um deine Aufgabe zu erleichtern, oh König.« Der König antwortet nicht, und so beginnt der Geist mit seiner Geschichte:

Es waren einmal drei junge Männer, die lebten im Hause ihres Gurus. Alle drei verliebten sich in die Tochter ihres spirituellen Lehrers. Da er keinen bevorzugen mochte, hätte er seine Tochter gerne jedem der drei Schüler zur Frau gegeben.

Doch plötzlich wurde die junge Frau krank und starb. Die drei verzweifelten Jünglinge übergaben den Körper ihrer Geliebten den Flammen des Bestattungsfeuers. Nachdem sie verbrannt worden war, wanderte der erste voller Kummer als bettelnder Asket durch die Welt. Der zweite Schüler sammelte die Gebeine seiner Geliebten aus der Asche und trug sie in einen Tempel an den Ufern des heiligen Ganges. Der dritte unglückliche Liebhaber verweilte am Ort der Verbrennung. Er erbaute an dieser Stelle eine Einsiedlerhütte und schlief auf der Asche seiner Geliebten.

Eines Tages beobachtete der Pilger ein außergewöhnliches Ereignis. Er begegnete einem Mann, der einen Zauberspruch vorlas, mit dem ein schon verbranntes Kind wieder zum Leben erweckt wurde. Da stahl der junge Asket das Buch und eilte zurück an den Ort der Verbrennung.

Zur gleichen Zeit kehrte der zweite Schüler, nachdem er die Gebeine seiner Geliebten in den lebenspendenden Strom getaucht hatte, vom Ganges zurück. Gemeinsam sammelten die drei die Überreste des Mädchens aus der Asche und verlasen den magischen Spruch aus dem Buch. Da geschah das Wunder.

Schöner denn je erwachte die junge Frau zu neuem Leben. Und so entbrannte alsbald auch heißer als je zuvor der Streit unter den dreien. Jeder machte seinen Anspruch geltend. Einer hatte die Asche bewacht, einer hatte ihre Gebeine in den Ganges getaucht, und der dritte hatte den magischen Spruch gesprochen.

»Ja, wem gehört sie?« fragte die Stimme im Leichnam den König. »Wenn du die Antwort weißt und nicht antwortest, wird dein Kopf in tausend Stücke zerspringen.«

Da er weiß, daß er schweigen soll, jedoch auch die richtige Antwort zu wissen glaubt, fühlt sich der König gezwungen, zu sprechen. Der Schüler, der den lebensspendenden Zauberspruch verlesen hatte, so sagt er, habe lediglich wie ein Vater gehandelt. Derjenige, der ihre Gebeine zum heiligen Ganges brachte, habe nur die frommen Pflichten eines Sohnes erfüllt. Nur einer habe das Leben eines wahren Liebenden und Ehemannes gelebt. Und das sei derjenige gewesen, der inmitten der Asche seiner Geliebten geschlafen habe, damit er sie niemals verlassen müsse. Also stünde sie ihm mit Sicherheit zu.

Als der König das letzte Wort dieses Urteils ausgesprochen hat, stöhnt der Leichnam gequält auf und fliegt wieder an den Ast des Baumes zurück. Unverdrossen kehrt auch der König zurück, schneidet den Leichnam vom Baum und begibt sich erneut auf den beschwerlichen Weg.

Diese schauerliche Szene wiederholt sich stets von neuem. Jedesmal peinigt der Geist den König mit einer weiteren Rätselgeschichte, und jedesmal droht er, daß der Kopf des Königs zerspringen werde, wenn dieser die Antwort wisse und nicht antworte. Und jedesmal kann der König dieser Aufforderung nicht widerstehen, denn er versucht, seine geheimen Ängste zu beruhigen, indem er sich vorstellt, er könne das, was als nächstes folgen wird, rational kontrollieren. Was ihn jedoch zum Wahnsinn treibt, ist, daß jedes scheinbar weise Urteil ihm nur eine weitere ermüdende Reise zum Galgenbaum einbringt.

Insgesamt gibt es fünfundzwanzig dieser Geschichten, jedoch muß er nur vierundzwanzigmal zum Baum zurückkehren. Trotz seiner ängstlichen Suche nach beruhigenden Gewißheiten fällt dem König zum letzten Rätsel keine Lösung ein. Statt dessen denkt er nun schweigend darüber nach, wie er Heiligkeit im Bettlergewand verhüllt gefunden hat, wie ihn ein Affe Demut lehrte und wie er seine Weisheit vermehrte durch die spöttischen Rätsel eines scheinbar gefährlichen Fremden. Ohne Antwort kann er schließlich sein Ziel erreichen und den Leichnam in den magischen Kreis bringen. In seinem stummen Grübeln über die unlösbaren Vieldeutigkeiten ist er weiser als in seinen logischen Antworten auf die lösbaren Rätsel des Leichnams.

Der Geist ist anscheinend mit dem König zufrieden und verläßt nun den toten Körper. Doch bevor das Gespenst verschwindet, warnt es den König noch vor den Gefahren, die ihn im magischen Kreis erwarten:

»Höre, oh König,« warnt das Gespenst. »Höre, was ich dir zu sagen habe, und wenn dir an deinem Wohle gelegen ist, so tue genau, was ich dir sage. Jener Bettelmönch ist ein sehr gefährlicher Betrüger. Mit seinen mächtigen Zaubersprüchen will er mich zwingen, wieder in diesen Leichnam einzukehren, den er dann als Götzen verwenden will. Er hat vor, ihn in die Mitte dieses magischen Kreises zu bringen und mich dort als Gottheit anzubeten, und während dieses Gottesdienstes will er dich als Opfer darbringen. Er wird dich auffordern, vor mir niederzufallen und mir die Ehre zu erweisen, zuerst auf den Knien, dann sollst du dich wie ein Sklave auf den Boden werfen und diesen mit Kopf, Händen und Schultern berühren. Er wird versuchen, dich mit einem einzigen Hieb seines Schwertes zu enthaupten.

Es gibt nur eine Möglichkeit für dich, diesem Schicksal zu entrinnen. Wenn dir befohlen wird, dich niederzubeugen, so mußt du sagen: ›Bitte führe mir diese sklavische Form der Verbeugung vor, damit ich, der König, sehen kann, wie man eine solche Haltung der Verehrung einnimmt.‹ Und wenn er dann flach auf dem Boden liegt, mußt du mit einem schnellen Streich seinen Kopf abschlagen. Im selben Augenblick werden all die übernatürlichen Kräfte, die der Zauberer aus der Sphäre der Himmlischen zu beschwören versucht, dir zufallen. Dann wirst du ein wahrhaft mächtiger König sein!«

Als der König den magischen Kreis erreicht, spielt sich alles so ab, wie es das Gespenst vorhergesagt hatte. Der Kreis wird mit dem Knochenmehl und dem Blut der Toten gezeichnet und liegt im Licht von Lämpchen, gespeist mit Leichenfett. Der Zauberer nimmt den Leichnam, bringt ihn in den Kreis und schmückt ihn, wobei er beschwörende Gesänge anstimmt. Der König wendet nun den Trick an, den der Geist ihm vorgeschlagen hatte. Als der Zauberer die ehrerbietige Pose vorführt, schlägt der König ihm den Kopf ab und schneidet das Herz aus seinem Körper.

Diese blutigen Geschenke bietet er dem Gespenst dar. Da brechen die Geister der Begräbnisstätte in Jubel aus. Sie sind nun für immer aus der Sklaverei der Verzauberung befreit.

Der Geist zeigt sich für den Sieg des Königs erkenntlich und sagt ihm, er könne nun einen beliebigen Wunsch äußern. Dieser bittet aus weiser Einsicht nur darum, die Geschichte der Nacht unter allen Menschen und über die Jahrhunderte hinweg zu verbreiten.

Da der Geist weiß, daß wir alle uns der Angst stellen müssen, ist er glücklich darüber, den Wunsch des mutigen Königs erfüllen zu können.

Angst ist die Vorwegnahme gefürchteter zukünftiger Erfahrungen. Und dennoch ist nicht jede negative Erfahrung eine Bedrohung. Man denke beispielsweise an ein Kind, dem man die ersehnte Eistüte vorenthält. In einer einfachen Situation, bei gutem elterlichem Einfluß ist diese Enttäuschung frustrierend, aber nicht bedrohlich. Nur unter bestimmten Bedingungen führen derartige Frustrationen in der Zukunft zu Angstgefühlen. Kein Eishörnchen zu bekommen, beeinflußt die Freiheit der kindlichen Wünsche nur dann, wenn bei dieser Erfahrung zugleich vermittelt wird, es sei etwas Schlechtes daran, ein Eishörnchen haben zu wollen. Wenn die Frage des Kindes dazu führt, daß ihm die elterliche Liebe entzogen wird, kann es dieses Verhalten als Bedrohung für seine Identität erleben, die seine Zuversicht in Zukünftiges beeinträchtigt.

Wenn hingegen das innere Selbst durch diese negative Erfahrung nicht aufs Spiel gesetzt wird, so ermöglicht diese Frustration dem Kind die Erkenntnis, daß das Leben eben nicht nur aus guten Erfahrungen besteht. Einzelne negative Erfahrungen sind auf nützliche Weise instruktiv. Steht das Kind erst einmal auf eigenen Füßen, sollte es auch in scheinbar ungünstigen Situationen mit positiven Ergebnissen rechnen können. Wenn das Kind jedoch eine Reihe von identitätsbedrohenden negativen Erfahrungen durchlebt, kann es eine von übermäßig ängstlichen Erwartungen geprägte Sicht entwickeln. Die Folgen sind dann Ängste, Hemmungen und starkes Vermeiden von Situationen, in denen sich die negativen Erfahrungen wiederholen *könnten*.

Verschiedene Muster des defensiven Vermeidungsverhaltens sollen präventiv vor befürchteten Erfahrungen schützen. Dieses Vermeidungsverhalten ist schwer zu verändern. Der neurotisch-ängstliche Charakter glaubt, wenn er sich auf eine bestimmte Weise verhielte, geschähe etwas Schreckliches. Das Verhalten (wie etwa die Bekanntgabe eines Wunsches) wird dann vermieden. Jedesmal, wenn ein bestimmtes Verhalten vermieden wird, tritt die in Gedanken vorweggenommene Katastrophe *nicht* ein. Auf diese Weise wird das Abwehrverhalten einer Person durch die von ihr selbst getroffene Auswahl noch verstärkt.

Und was die Sache noch schlimmer macht: diese Strategie kann weiter ausgebaut werden durch das zusätzliche Vermeiden von Verhaltensweisen, die dem scheinbar gefährlichen Tun ähnlich oder verwandt zu sein scheinen. Ein bedrohtes Kind bittet vielleicht zuerst nicht mehr um ein Eishörnchen, später dann nicht mehr um andere Süßigkeiten und ist schließlich nicht mehr in der Lage, überhaupt noch eine Bitte zu äußern.

Ebenso wie ihr Gegenstück kann auch die Entwicklung des neurotisch-ängstlichen Charakters während der ersten drei Jahre des Lebens ihren Anfang nehmen. Ein ängstlicher Charakter entsteht entweder durch nachlässige oder durch unberechenbare mütterliche Fürsorge. Chronische Vernachlässigung durch die Mutter erzeugt Verzweiflung und Angst vor einer hoffnungslosen Zukunft. Wiederholte unvorhersehbare Störungen rufen Furcht hervor, da das Kind lernt, sich vor zukünftigen Überraschungen durch Aufbau eines wachsamen Mißtrauens zu schützen.

Die so geprägten übermäßig ängstlichen Charaktere können eine zweite Chance erhalten, wenn der spätere väterliche Einfluß ihren Bedürfnissen mehr entspricht. Jedoch sind die Auswirkungen des unzulänglichen mütterlichen Verhaltens so entscheidend für die Schwächung eines starken inneren Selbst, daß auch ein dem entgegenwirkendes positives väterliches Verhalten oft nur hilft, den unsicheren, ängstlichen Unterbau der in ihren Grundlagen schon geschädigten Persönlichkeit abzustützen.

Jedoch kann dominierender oder strafender väterlicher Einfluß zur Entstehung von neurotischen Ängsten führen und bereits bestehende weiter verstärken. Ein dominierender Vater begünstigt ein Leben des passiven Grübelns und der quälenden Selbstzweifel. Ein aggressiv strafender Vater ermöglicht übertriebene und peinlich genaue Bemühungen um Sauberkeit und Ordnung, die jedes Handeln behindern können.

Es gibt Verhaltensweisen, in denen der ängstliche Charakter von seinem hoffnungsvollen Gegenstück abweicht. Oft werden die übertriebenen Ängste nicht direkt sichtbar. Statt dessen treten oberflächliche Verhaltensweisen als Abwehr verborgener Ängste auf. Typischerweise zeigen sich diese als Rigidität, Teilnahmslosigkeit und Selbstzufriedenheit. In manchen Fällen wird Vorsicht durch Mißtrauen, Nörgelei und selbstschützende Reizbarkeit ausgedrückt. Einige wenige Menschen dieses Charaktertyps zeigen ihre Angst direkter in panikartigen Momenten der Erregung, in Perioden der Verzweiflung und in Fluchtstrategien einer scheinbar endlosen Grübelei.

Kürzlich kam ein junger Mann zu mir zur Psychotherapie, den ich hier Rex nennen will. Seine bei Behandlungsbeginn vorgetragenen Beschwerden waren periodische Depressionen, die er auf eine unbefriedigende Beziehung zurückführte. Sauber, pünktlich, gut gekleidet und redegewandt, wie er war, schien Rex dennoch kein Selbstvertrauen zu besitzen. Mit seiner Arbeit als sozialwissenschaftlicher Forscher war er im großen und ganzen erfolgreich.

Jedoch mußte er, durch perfektionistisches Verhalten behindert, jede kleinste Arbeit, die er ausführte, dreifach überprüfen. Nichts von dem, was er beschrieb, schien ihn besonders glücklich zu machen.

Wie in seinen Forschungsberichten mußte Rex alles mit endlos ausführlichen Rechtfertigungen und unzähligen unterstützenden Beweisen zwanghaft belegen. Gelegentlich beklagte sich Rex über seine unerklärliche »frei-flottierende Angst«, jedoch war er sich niemals ganz sicher, ob diese schreckliche Unannehmlichkeit tatsächlich existierte, wenn er nicht zunächst seine Pulsfrequenz untersucht hatte, um seinen Befund zu belegen.

Seine Klagen über seine Geliebte bezogen sich darauf, daß sie »ein lieblos irrationaler, emotionaler Trampel sei, und daß sie keine Ahnung habe, worüber sie eigentlich rede«. Nach seiner Darstellung bestanden die Streitigkeiten der beiden größtenteils darin, daß sie »hysterisch war«, während er sie geduldig zu überreden versuchte, von ihren »dummen Gefühlen« abzulassen.

Nach vielen Sitzungen begann Rex schließlich einzusehen, daß er mit seiner eigenen Verklemmtheit und Verschlossenheit bei ihr jene starke Labilität hervorrief, die er dann als so unvernünftig empfand. Ich schlug ihm vor, seiner Frau gegenüber die eigenen unterschwelligen Gefühle stärker zu zeigen.

Plötzlich wirkte Rex sehr verängstigt. Bis dahin hatte er darüber geklagt, daß er mit dieser emotional wenig verständnisvollen Frau weiterleben müsse. Da er stets schon den Ausgang all seiner Handlungen zu kennen glaubte, hatte er sich in der Sicherheit seines bekannten, chronischen Elends häuslich eingerichtet. So kam es ihm auch nie in den Sinn, sich eine neue Geliebte zu suchen, denn mit ihr hätte es ja womöglich noch schlimmer werden können.

Es dauerte eine lange Zeit, bis Rex es wagte, seiner Geliebten die eigenen zarten Sehnsüchte zu offenbaren. Als er einmal den Mut dazu gefunden hatte, entwickelte er sich selbst gegenüber ein besseres Gefühl. Unglücklicherweise war es jedoch nun, wie er bereits befürchtet hatte, zu spät. Ihre eigene Bitterkeit war schon zu stark, als daß sie ihm jemals hätte verzeihen können. Es dauerte jedoch noch eine ganze Weile, bis Rex sie für immer verlassen

konnte, um die unbekannten Möglichkeiten einer neuen Beziehung zu erproben.
Wie der Helden-König, der mit dem Leichnam kämpfte, mußte er sich zuerst seinen Ängsten stellen und dabei die selbstgefällige Schutzhaltung aufgeben, bereits alle Antworten zu wissen. Nur so konnte Rex die eigene Freiheit und Kraft wiedererlangen, die uns dann begleiten, wenn wir auf unserer Reise ins Unbekannte deutlich spüren, wieviel Angst wir dabei haben.

7. Widerspenstige Unterwerfung

Sich vorzustellen, daß das nächste Ereignis völlig der eigenen Kontrolle unterliegen wird, kann entweder falsche Hoffnungen stärken oder zu einengenden Vorsichtsmaßnahmen führen, die gegen übertriebene Ängste aufgebaut werden. Wie auch immer die Sicht behindert sein mag, stets belastet eine voreingenommene Imagination den neurotischen Charakter mit vermeidbaren Enttäuschungen und raubt einem solchen Menschen die Möglichkeiten freudiger Überraschungen.

Keine Mutter und kein Vater kann immer genau im Einklang mit den Bedürfnissen des Kindes sein. Dennoch ist es, wenn man fürsorglich ist und wenn die eigene Charakterstruktur flexibel genug ist, in der Elternrolle möglich, einige der eigenen frustrierten Bedürfnisse und kompensierenden Abwehrmechanismen im Zaum zu halten.

Ein guter Vater oder eine gute Mutter erzielt ähnliche Resultate wie etwa ein tüchtiger Lehrer oder Therapeut. Verrichten wir unsere Arbeit zufriedenstellend, so werden wir ironischerweise unsere Schützlinge verlieren, die ja dann selbst ihre eigenen bittersüßen Siege erringen müssen.

Wenn das *Ausmaß* der neurotischen Charakterstörung von der Starrheit der elterlichen Selbstbezogenheit abhängt, so wird ihre *Richtung* von dem mütterlichen oder väterlichen Idealbild eines ›guten Charakters‹ geprägt. Der Persönlichkeitsstil des Kindes könnte demzufolge entweder durch Hingabe an oder durch Widerstand gegen diese elterlichen Erwartungen und Modelle definiert werden.

Unser eigener Charakter konfrontiert jeden von uns mit dem Widerspruch, nach gleichartigen Menschen zu suchen, während wir zugleich von gegensätzlichen Charakteren angezogen werden. Diese komplementären Schatten unserer selbst sind es, die wir als unsere besten Freunde und als Geliebte auswählen und mit denen wir tiefe und dauerhafte Partnerschaften eingehen, sowohl bei wichtigen persönlichen Projekten als auch bei unseren Karrieren und Ehen. Oft locken solch wundervolle Menschen das Beste aus uns hervor. Wenn die Dinge jedoch schief laufen, können sie uns auch am stärksten verletzen.

Ich glaube, das ist schon immer so gewesen. Li Po und Tu Fu[1], die besten Dichter der altchinesischen Tang-Dynastie des achten Jahrhunderts v. Chr. stellten eines der kreativsten Glück/Schmerz-Paradoxe dieser Art im nicht-neurotischen, positiven Sinne dar.

Obgleich Li Po zehn Jahre älter war als Tu Fu, verkörperte er die jungenhafte Seite der Jugend/Alter-Beziehung, die diese beiden Männer miteinander verband. Sein ganzes Leben lang verleugnete Li Po die Verbannung seiner Vorfahren. Die einzige Ausnahme bildete damals sein Vater, der schließlich ein einfacher Händler geworden war. Statt dessen behauptete Li Po, als Nachkomme des Königshauses in neunter Generation auch ein Vetter des Königs zu sein.

Tu Fu dagegen stammte aus einer angesehenen Familie berühmter Dichter und zuverlässiger (wenn auch niederer) Beamter, jedoch kümmerte ihn das wenig, während Li Po solchen Dingen große Bedeutung beimaß.

Tu Fu war Konfuzianer, Li Po war Taoist. Die Lehre des Konfuzius und die der taoistischen Meister stellten zeitweilig zwei rivalisierende Lebensweisen für die Menschen im alten China dar. Die Anhänger des Konfuzius folgten einem Wertsystem, das es den Menschen ermöglichen sollte, stets in befriedigenden gesellschaftlichen Beziehungen zu leben. Der ideale Konfuzianer war mehr ein aufrechter Gentleman als ein spiritueller Mensch. Von ihm forderte man Anstand, gute Manieren, Redlichkeit und Mäßigung.

Im besten Falle lehrte der Konfuzianismus die Weisheit der Selbstbeschränkung und Selbstkontrolle zum Wohle der Gemeinschaft. Im schlimmsten Falle konnte der Konfuzianismus jedoch zum kollektiven Äquivalent des individuellen neurotischen Charakters werden und sich durch starre Vorschriften und Regeln auszeichnen, mittels derer man zur Perfektion gelangen sollte.

Im Gegensatz dazu folgte Li Po dem Weg des Tao, welcher weniger auf bürgerlichen Tugenden als vielmehr auf spielerischer Spontaneität beruhte. Der Weg des Tao lag jenseits des Verstandes und außerhalb der Reichweite von Autorität. Die Meister des Tao lehren, daß man das Leben am besten metaphorisch verstehen solle, als völlig freie und absichtslose Reise.

In seiner besten Form erzeugte der Taoismus eine allgemeine kreative, kollektive Imagination. Doch als der Taoismus populärer wurde, degenerierte er schließlich zu einem Amalgam aus Aberglauben, Alchemie, Magie und Gesundheitslehre (gar nicht unähnlich dem ›New Age‹ der Achtziger Jahre).

Kein Wunder, daß die Taoisten die Konfuzianer oft als rigide Moralisten ansahen, als aufgeblasene, selbstgefällige Spielverderber. Umgekehrt sahen die Konservativen jener Dynastie in den Anhängern des ›Weges‹ nur unverantwortliche unmoralische Weltflüchtige und genußsüchtige Verderber der Jugend.

In seiner vor-taoistischen Jugendzeit war Li Po dem chinesischen Ideal des *Hsieh* verpflichtet, dem heldenhaften Kampf für die Witwen und Waisen, Alten und Schwachen. In der romantischen Rolle des wandernden orientalischen Ritters hat er angeblich mehr Bösewichte umgebracht, als er Unschuldige verteidigte. Tu Fu andererseits heiratete früh, zeugte mehrere Kinder und bemühte sich mehrfach um einen Posten im öffentlichen Dienst. Wahrscheinlich bestand er wegen seines unrealistischen, übermäßigen Strebens nach Perfektion wiederholt die notwendigen Examina nicht.

Eben dieser perfektionistische Stil brachte Tu Fu den inoffiziellen Titel des ›Weisen der Poesie‹ ein, während Li Po's mystische Hingabe dazu führte, daß er als der ›Unsterbliche der Poesie‹ bekannt wurde. Li Po schrieb kurze spontane Lieder, Gefühlsausbrüche, die sich wenig um Klang und Reim scherten. Im Idealfall wünschte er, Gedichte zu schreiben, wie »Lotusblumen, die in einem Teich mit klarem Wasser standen und auf natürliche Weise bezauberten, ohne daß sie besonderer Pflege bedürften«. Hier folgt nun ein wundervolles Beispiel seiner jungenhaften Hemmungslosigkeit:

Leben in der Welt ist nichts als ein großer Traum;
Ich möchte ihn nicht durch Arbeit und Sorge verderben.
Als ich dies sagte, war ich den ganzen Tag lang betrunken,
lag hilflos auf der Veranda vor meiner Tür.
Als ich erwachte, blinzelte ich auf den Rasen;
Ein einsamer Vogel sang inmitten der Blumen.
Ich fragte mich, war der Tag naß oder schön gewesen?
Der Frühlingswind erzählte dem Mango-Vogel.
Bewegt von seinem Lied, begann ich bald zu seufzen,
Und da es Wein gab, füllte ich mein Glas.
Wild singend erwartete ich das Aufgehen des Mondes;
Als mein Lied zuende war, hatte ich all meine Sinne verloren.[2]

Im Gegensatz zu Li Po war Tu Fu ein Techniker von peinlichster Sorgfalt. Tu Fu vermied es, feurige kurze Poesie zu schreiben. Er schrieb statt dessen weniger spontane, dafür aber kunstvollere und längere Gedichte, in denen ein perfektes Gleichgewicht von Zeilen und Lauten herrschte. Tu Fu, der ständig mit Variationen und mit formalen Regeln experimentierte, sagte über seine Werke: »Ich muß meine Gedichte immer wieder neu schreiben, bis ich mir sicher bin, daß sie eindrucksvoll sind.« Obgleich sie den lyrischen Arbeiten Li Po's überhaupt nicht ähneln, bewegen uns auch Tu Fu's traditionellere Schöpfungen auf ihre Weise:

Es ist für Freunde fast ebenso schwer, einander zu treffen,
wie für den Morgen- und den Abendstern.
Heute nacht findet ein seltenes Ereignis statt,
Beim Kerzenschein treffen sich
Zwei Männer, die vor kurzem noch jung waren,
nun aber an den Schläfen ergrauen . . .
Zu sehen, daß die Hälfte unserer Freunde schon tot ist,
schockiert uns, läßt unser Herz vor Kummer brennen.
Wir hätten nicht gedacht, daß es zwanzig Jahre würden,
Bevor ich dich wieder besuchen konnte.
Als ich fort ging, warst du noch unverheiratet;
Heute ist diese Reihe von Knaben und Mädchen
Sehr höflich zu dem alten Freund ihres Vaters.

Sie fragen mich, wo ich auf meiner Reise gewesen sei;
Und wenn ich eine Weile geredet habe,
Bringen und zeigen sie mir Weine und Speisen,
Frühlingslauch, der im Nachtregen geschnitten wurde,
Und braunen Reis, auf besondere Weise frisch gekocht...
Mein Gastgeber erklärt den Tag zum Feste,
Er drängt mich, zehn Gläser zu trinken –
Aber wie könnten mich zehn Gläser so trunken machen,
Wie ich es stets bin mit deiner Liebe im Herzen!...
Morgen werden uns die Berge trennen;
Und was danach geschieht – wer kann das wissen?[3]

Während seines ganzen Lebens war Li Po ein wandernder Trunkenbold, der wild in den Bergen sang. Herrlich prahlerisch und unheilbar romantisch wie er war, soll er angeblich stets Wein im Becher und einen Dolch im Ärmel gehabt haben. Li Po lebte das taoistische Leben des vagabundierenden Unsterblichen, der politische Rebellion und sorglose Rüpelei unterstützte, wo immer er des Weges kam. Tu Fu's Einstellung hingegen verlangte konfuzianische Konformität, politischen Royalismus und das Erfüllen von Pflichten wie Rechtschaffenheit, Frömmigkeit und Selbstvervollkommnung.

Viele Jahre lang lebten diese gegensätzlichen Charaktere unabhängig voneinander. Der ewige Jüngling war schon über die Vierzig und der frühreife Alte über dreißig, bevor sie sich schließlich trafen. Bei dieser Begegnung waren sie zutiefst davon berührt, wie sehr sie einander ergänzten, so daß sie den zusammengesetzten Schriftstellernamen »Li-Tu« erfanden.

Zu jenem Zeitpunkt war der ältere der beiden schon ein berühmter Poet, während der jüngere Tu Fu noch relativ unbekannt war. Die scheinbare Ironie bestand nun darin, daß es dem traditioneller eingestellten Konfuzianer natürlich zu sein schien, Jünger des undisziplinierten Taoisten zu werden. Auch als sie einander schon zu schätzen gelernt hatten, machten sich beide noch über die sie insgeheim faszinierenden ›Macken‹ beim anderen lustig. Dies bringt Tu Fu in folgenden Worten zum Ausdruck, wenn er von Li Po behauptet:

Li Po schreibt hundert Gedichte für eine Gallone Wein
Und schläft in einem Weingeschäft auf dem Markt von Ch'ang-an.
Dem kaiserlichen Befehl, die Barke zu besteigen, nicht gehorchend,
sagt er: ›Der Diener Eurer Majestät ist ein Unsterblicher des Bechers.‹[4]

Und Li Po verspottet Tu Fu auf seine Weise, wenn er im folgenden Gedicht schreibt:

He! Bist du es, auf dem Gipfel des Fan-kuo-Berges,
Der einen riesigen Hut in der Mittagssonne trägt?
Wie dünn, wie jämmerlich dünn bist du geworden!
Du mußt wohl wieder an der Poesie gelitten haben.[5]

Die konträren Stile von Tu Fu und Li Po scheinen in den unterschiedlichen Temperamenten begründet zu sein, die jeweils von den Ansichten der konfuzianischen oder der taoistischen Subkultur unterstützt wurden. Dennoch finden sich auch in den Familien einiger meiner Psychotherapie-Patienten hierzu Parallelen. Wenn ein Li Po-Sohn in meiner Praxis auftaucht, hat er wahrscheinlich einen Vater von der Art Tu Fu's zu Hause.

Leugnet der gleichgeschlechtliche Elternteil die kindlichen Aspekte seines eigenen Selbst, so lehnt er das wirkliche Kind in der Familie ebenso ab. Oft versucht dann der andere Elternteil durch extreme Begünstigung des zurückgewiesenen Kindes das emotionale Gleichgewicht wiederherzustellen.

Der ungerecht verstoßene oder übermäßig verwöhnte Sprößling entwickelt sich nun zu einem kindisch-hoffnungsvollen Charakter. Derartig leibhaftige Parodien auf die Ewige Jugend bleiben in ihrer Weigerung, jemals erwachsen zu werden, zeitlebens Peter-Pan-Karikaturen. Paradoxerweise führt ihr übermäßiges und idealistisches Abtauchen in eine verwässerte Adoleszenz schließlich zu rigiden Bindungen im späteren Leben, die ebenso engstirnig wie jene sind, gegen die sie einst passiv rebellierten. Als Parodien ihrer gleichgeschlechtlichen autoritären Elternteile werden sie eines Tages die übermäßige Nachsicht ihrer eigenen Partner einem

jungen Li Po gegenüber fördern, der sich dann im Alter wiederum in einen neu-alten Tu Fu verwandeln wird.[6]
Diese charakterliche Spaltung zwischen tyrannischer Autorität und ewiger Jugend ist teilweise nichts weiter als eine übertriebene Ausdehnung des entwicklungsbedingten, natürlichen Konfliktes zwischen den Generationen. Wenn sich jedoch dieser Kampf bis zur neurotischen Charakterstörung ausweitet, dauert er unglücklicherweise wesentlich länger und ist weitaus kräfteaufreibender als die üblichen Adoleszenzkonflikte. Der autoritäre Elternteil versagt sich so die Freude und die Verjüngung, die der Jugendliche ihm anbietet, ebenso wie dieser die Gelegenheit versäumt, in die Gemeinschaft der Erwachsenen aufgenommen zu werden.
Die Kluft zwischen dem vielversprechenden Jugendlichen und den erschöpften Eltern bedroht die gesamte soziale Ordnung, indem sie die Möglichkeit des Nachrückens in die elterliche Position ausschließt. Die ›Now Scene‹ der Jugend scheint außerhalb der Geschichte zu existieren. Es besteht keine Hoffnung auf einen bruchlosen Übergang, keine Möglichkeit, aus Erfahrungen der Vergangenheit zu lernen. Es gibt nur den neuen Anfang im Gegensatz zum alten Ende, weil sich Protest und Revolte der einen Generation gegen Gesetz und Ordnung der anderen richten. Keiner der Beteiligten sieht, daß auch die Alten einmal jung waren und daß auch die Jungen eines Tages alt sein werden. Diese Erkenntnis kann oft bis zur ›Midlife Crisis‹ auf sich warten lassen. Der Ältere ist sowohl Beschützer als auch Unterdrücker des Jüngeren. Elterliche Autorität verspricht die Sicherheit der Ordnung um den Preis der beschnittenen Freiheit der Jugend.
Der Jugendliche fühlt sich wie ein Ausgestoßener, wenn er Zweifel und Vorsicht der Älteren als tyrannischen Pessimismus ansieht, und er empfindet die ernste Besorgnis wegen tagtäglicher Probleme als gleichgültige Kälte. Die ›pragmatische Weisheit‹ des Alters wird als Kompromiß, Gier und Korruptheit angesehen. Mit den idealistischen Augen der Jugend betrachtet, ist ein Leben, dem es an Leidenschaft, Hoffnung und Humor mangelt, kein lohnenswertes Ziel.
Jedoch wird für jeden optimistischen Jugendlichen unvermeidlich aus der Morgenröte die Abenddämmerung. Der einstmals leiden-

schaftliche jugendliche Liebhaber wandelt sich zum müden alten Mann. Geprägt vom Lebensschicksal und unter ständigem Klagen nähert sich der ältere Mensch seiner zweiten Kindheit. Nun kommen erneut die infantilen, selbstbezogenen Verhaltensweisen des Besserwissens auf und die Einstellung, daß »alles mein« sei.
Das Feuer und die Leidenschaftlichkeit des jugendlichen Geistes werden vom älteren Menschen als unverantwortliche Impulsivität und emotionale Instabilität angesehen. Die Ideen des Jugendlichen werden als unrealistisch verurteilt, sein Streben nach Unabhängigkeit wird als widerspenstige Rebellion angesehen. Versuche des Teenagers, die Ansichten der Eltern zu verändern, werden als respektlose Anmaßungen gewertet. Während es für den jungen Menschen ein Ausdruck seiner Neugier, Abenteuerlust und Entdeckungsfreude ist, ein neues Projekt nach dem anderen zu erproben, wobei er jedesmal das vorhergehende unvollendet zurückläßt, versteht der ältere Erwachsene dies als wiederholten Fehler eines »Kindes, das einfach nicht bei einer Sache bleiben kann«.
Risikoreiche Abenteuer geben dem Leben des begeisterten, hoffnungsvollen Jugendlichen erst den ›Kick‹, für die weltweisen ängstlichen Eltern hingegen sind sie töricht und gefährlich. Die Unschuld der Jugend benötigt weder Vorsicht noch Geduld. Der ewige Jugendliche, der in einem Zustand der Zeitlosigkeit lebt, kennt nur das Jetzt. Da er alles weiß und nichts braucht, ist er ebenso selbstvergessen wie die alternde Autorität. Da er sich so sicher ist, auf der Suche nach einem Sinn zu sein, den der Ältere schon zu besitzen glaubt, ist der Jugendliche berauscht von jeder neuen Einsicht und ebenso dogmatisch wie sein alternder Gegenspieler.
Die polaren Gegensätze Jugend und Alter stimmen in mancher Hinsicht überein. Beide sind sich sicher, daß sie völlig im Recht sind. Beide widersetzen sich vorsetzlich Veränderungen und betrachten einen echten Dialog mit dem anderen als verdammenswerten Kompromiß. Sie können nicht zusammenkommen, solange der Jugendliche die Abkürzungen benutzt und der Ältere zwingend darauf beharrt, immer »auf dem rechten Weg« zu sein. Die Launigkeit des Jugendlichen entspricht der Melancholie des Älteren. So wie frühe Ruhelosigkeit zu späterer Unsicherheit

wird, endet das intuitive Spielen mit Ideen später in der unflexiblen Abhängigkeit vom einmal Erprobten und für wahr Befundenen.

Wenn ein Erwachsener an einer infantilen Charakterstörung leidet, demonstriert er oft paradoxes Verhalten gegenüber einer Autorität, die er zugleich bekämpft und bewundert. Ein jungenhafter dreißigjähriger Hochschul-Studienberater kam zur Therapie zu mir, um sein Leben »besser zu definieren«, vielleicht sogar, um selbst wieder mit einer Ausbildung zu beginnen, so daß er eines Tages als Psychotherapeut arbeiten könnte.

Er ließ mich wissen, daß er gerade mich ausgewählt habe, weil er gehört habe, ich sei »der Mann«, »der Therapeut der Therapeuten« und der »Papa von allen«. Er glaubte, ich sei sicherlich eine Hilfe für ihn mit all seinen emotionalen Problemen, und »für das gleiche Geld« könne er von mir auch lernen, selbst Therapie zu geben. Zynisch lächelnd fügte er jedoch gleich hinzu, daß er niemals so »rigide und dickköpfig« seinen Patienten gegenüber sein würde, wie ich mich den meinen gegenüber gelegentlich verhielte, soviel er gehört habe.

Während des Aufnahmegesprächs bezeichnete er sich selbst als einen »Straßengauner und Teilzeitdieb«. Eigenartigerweise erlebte ich ihn als blauäugige Unschuld. Es stellte sich heraus, daß sich seine kriminellen Aktivitäten auf einige nicht bestrafte jugendliche Ladendiebstähle beschränkten und auf die derzeitige Zugehörigkeit zur amoralischen Minorität der Potraucher.

Das familiäre Muster, das seinen jugendlich hoffnungsvollen Charakter erzeugt hatte, war geradezu klassisch. Peter (ein Pseudonym) war der einzige Sohn eines Vaters, den er als »ganz und gar nicht spaßig« bezeichnete. Während er sich selbst prahlerisch als spielerisch und phantasievoll titulierte und seine eigene Fähigkeit lobte, mit so wenig Arbeit wie möglich durchzukommen, stellte er im Gegensatz dazu seinen Vater geringschätzig als »arbeitswütigen Kuli« dar, dem es an jeglichem Mut und Phantasie fehle. Ich war nicht sonderlich überrascht, als Peter mir erzählte, sein Vater habe den »freien Lebensstil« seines Sohnes nicht geschätzt und ihn als »faulen Hippie mit ungepflegtem Haar« bezeichnet.

Typisch für eine derartige autoritärer Vater/verantwortungsloser

Sohn-Konstellation ist das Anhimmeln des Wunderkindes durch die Mutter.[7] Bei jeder sich bietenden Gelegenheit hatte sie ihn wissen lassen, daß er ein ganz besonderer Mensch sei und sich niemals Sorgen zu machen brauche. Sie war sicher, daß er alles, was er je besitzen wollte, auch bekäme, wenn er dies nur entschlossen genug wollte, und daß sich alles für ihn schon zu seinem Besten fügen werde. Obgleich er bisher noch keine Erfolge mit einer für ihn wirklich wichtigen Sache gehabt hatte, machte sich Peter ebenfalls die völlige Gewißheit seiner Mutter zu eigen, er könne fast jeden in seinem Sinne ›verzaubern‹.

Dies versuchte er dann auch schon bald in unserer Beziehung unter Beweis zu stellen. Er forderte von mir, anzuerkennen, daß er für versäumte Termine nicht zahlen müsse, da er diese aus triftigen Gründen nicht wahrnehmen könnte. Ich weigerte mich, ihn von dieser Verpflichtung zu befreien. Entweder leiste er die vereinbarte Bezahlung oder ich würde die Behandlung beenden. Ich interpretierte sein Verhalten als einen Versuch, mir gegenüber als der vernarrten Mutter das *Wunderkind* zu spielen. Ich versuchte, ihm das Paradox zu erklären, daß er in seiner Beziehung zu mir einerseits den trotzigen Delinquenten spiele, der sich gegen die furchteinflößende patriarchalische Autorität auflehne, daß er gleichzeitig aber auch spöttisch versuche, die gefürchtete Macht zu untergraben, die er mir zuschrieb.

Außer der Tatsache, daß sein voriger Therapeut »nicht integer war«, konnte Peter keine rechte Erklärung dafür finden, warum meine frustrierend unfaire Art, die Zügel in der Hand zu behalten, ihn irgendwie mit einem Gefühl der Erleichterung erfüllte und ihn zu vager Herzlichkeit mir gegenüber veranlaßte. Er fragte sich, ob das vielleicht daran läge, daß er bei mir nicht das Gefühl hätte, ich würde ihn unten halten. Sonderbarerweise löste bei ihm meine Erwartung, daß er seinen eigenen Weg gehen müsse, das Gefühl aus, »als Mensch geachtet zu werden«. Dies war ein Gefühl, das ihm bislang völlig unbekannt war. Obgleich seine guten Gefühle gegenüber unserer Beziehung teilweise echt waren, verhielt er sich manchmal wie ein Chamäleon. Bei seinen Versuchen, Situationen zu manipulieren, konnte Peter jede Rolle spielen, angefangen vom unterwürfigen Trottel bis hin zum spirituellen Ratgeber.

Zu einem bestimmten Zeitpunkt war sich Peter sicher, daß er zu meinem professionellen Schützling werden wollte. Verständlicherweise war er aufgebracht und bestürzt, als ich sein Verhalten als verdeckten Ausdruck der geheimen Verehrung für seinen von ihm offiziell verachteten Vater deutete. Ich versicherte ihm, daß sein Konflikt mit all diesen Dingen schon bald die ergebene Jüngerschaft überschatten würde.

Peter war ein aufgewecktes Bürschchen. Fast augenblicklich demonstrierte er die boshaft-grollende Widerspenstigkeit, mit der er sowohl der bewundernden Zusicherung seiner Mutter begegnet war, er brauche niemals an etwas zu arbeiten, weil er ja ein ganz Besonderer sei, wie auch dem verächtlichen Urteil des Vaters, daß es völlig sinnlos sei, auch nur einen Versuch zu machen, eben weil er so unzulänglich sei.

Zwischen den Psychotherapiesitzungen besuchte er einmal einen *est*-Workshop für Fortgeschrittene.[8] Obgleich er schon an einigen dieser Trainingsseminare teilgenommen hatte, nachdem er seinen vorigen Therapeuten verlassen hatte und bevor er zu mir gekommen war, hatte er bisher kaum etwas davon erwähnt.

Als er das nächste Mal zur Therapie erschien, verkündete er, daß *est* ihn zu seinem wahren Selbst geführt habe. Er hatte ›Es‹. Dieses Mal hätte er ›Es‹, *wirklich*! Er fühlte sich ›high‹ mit seiner Einsicht, »alles sei schon perfekt, so wie es ist«. In der Folgezeit war er gegenüber allen Einwänden meinerseits völlig taub. Für ihn war vollkommen klar, daß auch ich dringend an einem *est*-Workshop teilnehmen müsse. Er konnte jetzt sehen, daß ich einer tödlichen »Opfer-Psychologie« anhing, die mich in Pessimismus versinken ließe, mich in vergangenen Schmerzen und unnötigem Leiden gefangen hielte. Zweifellos war die Zerstörung meiner Gesundheit auf diese unerleuchtete Haltung zurückzuführen.[9] Möglicherweise sei es ein Fehler seinerseits, mich weiterhin aufzusuchen.

Peters gönnerhafter Angriff auf mein ›unerleuchtetes Ego‹ nahm einige Sitzungen lang seinen Fortgang und tauchte während unserer therapeutischen Beziehung von Zeit zu Zeit immer wieder auf.[10] Die einzig effektive Methode, ihn zur Überprüfung seiner Haltung zu bewegen, waren meine Hinweise darauf, daß er mir auf erfolgreiche Weise das vermittelte, was sein autoritärer Vater ihn so oft hatte fühlen lassen. Schließlich wich seine Scham darüber, daß er sich genauso wie sein verhaßter Vater verhielt, der Erkenntnis seiner unbewußten Hoffnung, diesem Mann eines Tages gefallen zu können und von ihm schließlich doch noch akzeptiert zu werden.

Es erforderte noch viele Monate der Therapie, bevor Peter zu realisieren begann, wie sehr er sich nach der Anerkennung seines ablehnenden Vaters sehnte, dessen emotionale Bedeutung er defensiv zu entwerten gelernt hatte. Es gab solange keine Möglichkeit für ihn, die von seinem unberechenbaren, wuterfüllten, tyrannischen Vater eingeflößten Ängste zu überwinden, bis er zum ersten Mal die Hoffnungen auf ein grundlos günstiges Schicksal aufgab, zu denen ihn seine irreführend nachsichtige Mutter verleitet hatte. Erst dann konnte er seine eigene hilflose Wut und seinen angestauten Kummer erkennen. Nun begann er, seine eigene Kraft zu entwickeln und zu gebrauchen; ein ihm zunächst recht unbehaglicher Zustand.

Lange hatte er mich als seltsame Mischung von Wundertäter und verkrüppeltem Tyrannen angesehen. Wir waren beide tief berührt an jenem Tag, als er zu mir sagte: »Ich habe immer gedacht, Sie seien ein mächtiger und gefährlicher Zauberer. Jetzt sehe ich, daß Sie als Therapeut nichts tun, was ich selbst nicht auch erlernen kann.« Dann fügte er noch hinzu: »Jedoch möchte ich einige dieser Dinge etwas anders machen.«

Sein gleichgültiges, flatterhaftes Verhältnis zum Studium und zur Arbeit, so läßt sich rückblickend sagen, diente ihm auch als trotzige Einwilligung in das herabwürdigende und mißtrauische Verhalten seines Vaters gegenüber den Aktivitäten seines Sohnes.

Er hoffte, eine Möglichkeit zu finden, ständig ›high‹ bleiben zu können und suchte Anerkennung ohne Arbeit. Er wollte neuartige Erfahrungen machen, die zu spirituellem und emotionalem Wachstum führen sollten, doch war es für ihn ein schwieriges Unterfangen, überhaupt irgendein Risiko einzugehen. Statt dessen »hing ich meist herum und war ›stoned‹«.

Chemische Rauschmittel und deren psychosoziale Äquivalente wie *est* versetzten ihn in jenen besonderen Zustand, den seine eigene Mutter ihm versprochen hatte. Ironischerweise verleiteten ihn derartige ›Highs‹ dazu, in arrogante autoritäre Verhaltensweisen zu verfallen, die der ungerechtfertigten Selbstgefälligkeit seines eigenen Vaters ebenbürtig waren.

Es kostete ihn eine geraume Zeit, seine Hoffnung aufzugeben, er sei etwas Besonderes. Bevor er die Arbeit tun konnte, die es ihm *tatsächlich* ermöglichen würde, *einiges* von dem zu erreichen, was er sich wünschte, mußte Peter zunächst seine Hilflosigkeit erkennen. Dazu gehörten sowohl Fehler als auch Bemühungen, die sich nicht immer bezahlt machten, und die Einsicht, daß er oft kleinsten Lernschritten gegenüber inspirierten Einsichten den Vorzug geben mußte. Dies war nur möglich, wenn er den in seiner kindlichen Passivität verborgenen Trotz verstand und sich der boshaften Unterwürfigkeit seines insgeheim triumphierenden ›Herumtreibens‹ bewußt wurde. Aufzuwachsen bedeutete für ihn eine widerspenstige Unterwerfung unter die elterliche Autorität; der daraus resultierende Trotz hatte ihn lange glauben lassen, normale harte Arbeit sei unter seiner Würde und liege jenseits seiner Fähigkeiten.

Diese Wandlung erforderte von ihm eine allmähliche Transformation seiner Erwartungen vom Leben. Wie in der Sufigeschichte[11] von dem Vater, der seinen faulen Söhnen half, sich zu ändern, mußte ich diesen Patienten zunächst einmal auf die Selbstfindungsreise schicken, in deren Verlauf es oft zu überraschenden, nicht vorhersehbaren Wendungen kommt.

In der Sufigeschichte erzählt der Vater seinen faulen Söhnen, als sich diese um sein Sterbebett versammeln, auf den Äckern der Familie liege ein geheimer Schatz verborgen. Also graben die Söhne alle Felder um, können jedoch keinen Schatz finden. Da der Boden nun schon einmal umgegraben ist, beschließen sie, sie könnten ja statt dessen etwas Weizen anpflanzen. Im Herbst gibt es eine reichliche Ernte. Aus verschiedenen Gründen wiederholen die Söhne diese scheinbar sinnlose Schatzsuche. Obgleich sie niemals Gold finden, werden diese einst faulen Schatzsucher schließlich zu hart arbeitenden, erfolgreichen Bauern.

8. *Triumphierendes Opfer*

Die emotionalen Bedürfnisse mancher Kinder sind schon in einem frühen Stadium ihrer Persönlichkeitsentwicklung so schlecht erfüllt worden, daß sie beim Aufwachsen fast keine Chance hatten, eine eigene Identität zu entwickeln. Wenn in ihren ersten Lebensjahren der bemutternde Elternteil[1] allzuoft emotional nicht erreichbar ist, genügt die Sicherheit vermittelnde Fürsorge nicht, um eine Integration der widersprüchlichen Erfahrungen vom eigenen Sein und dem Sein der anderen zu gewährleisten.

Die ›gute Mutter‹, die manchmal da ist, um die Bedürfnisse des Kindes zu befriedigen, wird als eine völlig andere Person erlebt als die ›schlechte Mutter‹, die das Kind so oft im Stich läßt. Analog zu dem vom Kind entwickelten doppelten Bild der Mutter entwickelt sich in seinem Selbstgefühl eine ähnliche Spaltung. Einerseits glaubt das Kind, ein ›gutes Selbst‹ zu besitzen, das darauf hoffen kann, eines Tages all die mütterliche Fürsorge zu erfahren, die es bislang entbehren mußte. Andererseits entwickelt sich auch ein gegensätzliches Bild von einem ›schlechten Selbst‹. Dieses schlechte Selbst fürchtet, daß es auf irgendeine Weise für die erlebte Entbehrung mütterlicher Fürsorge verantwortlich ist. Wenn nun das schlechte Selbst mit großer Wut auf diese Überdosis von emotionaler Frustration reagiert, kann es dazu kommen, daß das Kind meint, eine entschädigende Fürsorge überhaupt nicht verdient zu haben. Gleichzeitig könnte sich das abgespaltene gute Selbst als für jede Art von – allerdings nicht bevorstehender – reichen Belohnungen würdig ansehen, ohne daß es irgendwelcher Mühe bedürfe, diese zu erlangen. Das Ergebnis ist ein schmerzlich hilfloser neurotischer Charakter, der sprunghaft zwischen unbegründeten Befürchtungen und unberechtigten Hoffnungen wechselt.

Die orientalische Geschichte, die die passendste Metapher für diese Art von Charakterteilung liefert, ist *Hung Lou Meng – Der Traum der roten Kammer.*[2] Dieser klassische chinesische Roman aus der Ming-Dynastie des achtzehnten Jahrhunderts ist der bekannteste aller im englischsprachigen Raum gelesenen fernöstlichen Romane. Er entwirft ein riesiges, aus einhundertzwanzig Kapiteln bestehendes literarisches Panorama.[3] Auf seinen rund tausend Seiten bewegen sich vierhundert Charaktere.

Der Roman, dessen Autor lange Zeit unbekannt war, ist eine teilweise biographische Beschreibung des Untergangs einer Familiendynastie, des Chia-Klans. Diese mit realistischen Details geschriebene Geschichte wird mit viel Farbe, Witz und Spannung entwickelt. Sie ist ein intensives Drama, das mit psychologischen Einsichten und soziologischen Erkenntnissen geradezu vollgepackt ist. Ihr wichtigster Aspekt liegt in der bemerkenswerten Darstellung einer Dreiecks-Liebesbeziehung zwischen Pao-yu, dem verzogenen, geteilten Helden, und seinen beiden lieblichen Kusinen, der launischen Schwarzen Jade und der sensiblen Kostbaren Tugend.

Diese beiden vom Temperament her so gegensätzlichen Frauen stellen nicht nur unterschiedliche Lebensstile zweier Charakterformen dar, sondern sie symbolisieren außerdem projizierte Aspekte von Pao-yu's eigenem geteilten Selbst. *Der Traum der roten Kammer* war in China so populär und die beiden weiblichen Charaktere waren so überzeugend, daß sie als Symbole in die Kultur aufgenommen wurden. Bei gesellschaftlichen Anlässen wird man oft gefragt: »Unter welchem Sternzeichen sind Sie geboren?« Bei den geselligen Zusammenkünften der chinesischen Gesellschaft des 19. Jahrhunderts wurde ein Mann hingegen möglicherweise gefragt: »Welche Art von Frauen bevorzugen Sie: Schwarze Jade oder Kostbare Tugend?« Auch in der Volksrepublik China zitierte Mao Tsetung die Geschichte öffentlich als Beispiel für die Rebellion gegen das Feudalsystem, wobei Schwarze Jade die Proletarierin im Klassenkampf der Chia war.

Pao-yu, der Held dieses Romans, ist ein cholerischer Bengel, der durch den Einfluß seine Großmutter, der matriarchalischen Herrscherin der Chia-Familie, übermäßig verwöhnt und verzogen worden ist. Man kümmert sich nicht sonderlich um dieses frühreife »Großmuttersöhnchen«, man ließ ihm vielmehr ganz einfach seinen Willen. Dieser eitle, labile, übermäßig verhätschelte junge Herr führt ein leeres, sinnloses Leben und tut nur, was ihm gefällt, ohne auf die Gefühle irgendeines anderen Menschen Rücksicht zu nehmen. Obgleich begabt und empfindsam, wird seine Persönlichkeit von einer infantilen Selbstüberschätzung bestimmt, die durch die Senilität seiner mächtigen Großmutter noch verstärkt wird. Pao-yu, der die meiste Zeit in der Gesellschaft von ihn bewundernden weiblichen Verwandten und verführerisch unterwürfigen Dienstmädchen verbringt, wächst auf mit »reichlich Raum für seine sensiblen Gefühle, aber... ohne jede sinnvolle Zügelung derselben.«[4]

Am Anfang des Buches diskutieren zwei wohlerzogene junge Männer über Pao-yu. Der eine sagt, er sei »voller Unfug, aber sehr schlau«, und er behaupte die seltsamsten Dinge, so »zum Beispiel, daß Mädchen aus Wasser gemacht wären, Männer hingegen aus Lehm, und deshalb fühle er sich in Gegenwart der einen gereinigt und belebt und verunreinigt und unterdrückt in Gegenwart der anderen... Er wird zweifellos zügellos und ausschweifend aufwachsen...«

Sein Gefährte wendet dagegen ein, daß Pao-yu falsch beurteilt worden ist: »Allgemein gesprochen, statten Himmel und Erde alle Menschen mit den gleichen mittelmäßigen Qualitäten aus, so daß man den einen kaum vom anderen unterscheiden kann. Dies trifft jedoch nicht zu im Fall des außergewöhnlich Guten und des überaus Schlechten... die Perfekte Regel (und) ... die schreckliche Abweichung von derselben. Ersteres erscheint auf der Welt, wenn Harmonie die Oberhand gewinnt; letzteres dann, wenn eine Katastrophe droht. Das erste kündigt Frieden und Ordnung an; das zweite bringt Krieg und Zwist. (Das erste) ...Weise (und) ... Philosophen; (das zweite) ... Tyrannen ... Eroberer und Verräter...«

Er fährt jedoch fort, indem er erklärt, ihre Epoche sei eine Zeit: »...des Überflusses dieser Norm... Andererseits gebe es keinen Platz... für die Abweichungen von ihr... und diese besonderen Umstände seien der Grund dafür, daß der ungewöhnliche Typus (wie Pao-yu ihn verkörpert)... entsteht. Dies sei die Verkörperung einer neuen Kraft, das Ergebnis einer Vereinigung von Bestandteilen der Norm und ihrer Abweichungen. Menschen dieser Art haben nicht genug von dem einen, um kluge und weise Männer zu werden, und auch nicht genug von dem anderen, um Verwüstung und Zerstörung auf der Welt anzurichten. Statt dessen werden sie romantische Gestalten, wenn sie in angesehene und reiche Familien hineingeboren werden, oder Dichter und Einsiedler, wenn sie gelehrten Familien und bescheidenen Verhältnissen entstammen. Sogar wenn sie in Armut und einfachste Verhältnisse hineingeboren werden, erlangen sie Ansehen als Schauspieler oder Kurtisanen... Nach allem, was du mir über Pao-yu erzählt hast, habe ich nur wenige Zweifel, daß es sich bei ihm um eine dieser bewundernswerten Abweichungen von der Norm handelt.«[5]

Schon vor seiner Geburt war Pao-yu für eine besondere Rolle auserwählt worden. Ohne es zu wissen, verbarg sich in seinem Wesen ein taoistischer Heiliger, der nur kurze Zeit im »roten Staub« der irdischen Sterblichkeit wandeln sollte, bevor er von der Welt der Illusion erlöst werden würde, um wieder den Zustand der Unsterblichkeit zu erlangen. *Der Traum der roten Kammer* beginnt mit der mythischen Geschichte seines auserwählten Status. Das Anfangskapitel verbindet sogleich die Welt der Geister und die Welt der Sterblichen in einer Form, die auch später innerhalb des Buches ständig wieder auftaucht. Pao-yu wird mit einem Jade-Talisman im Munde geboren. Dieser Stein und seine Inschrift spielen an Wendepunkten seines Lebens eine wichtige Rolle. Dies gilt auch für die wundersamen Träume, Visionen und die wandernden mythischen Gestalten eines barfüßigen buddhistischen Mönches mit verfilztem Haar und seines Begleiters, eines lahmen, ungepflegten taoistischen Priesters.

Der Mönch und der Priester sind es, die als erste auf den Stein stoßen, einen einzelnen Block, den die Göttin der Arbeit beim Erneuern des Himmels übriggelassen hat. Angesichts der unerfüllten spirituellen Sehnsucht des himmlischen Steins erklären sich die beiden bereit, ihm eine Reise durch den »roten Staub« zu ermöglichen, und zwar in der Rolle des beschrifteten Jade-Talismans, der sowohl als Symbol für Pao-yu's Integrität dient als auch das Medium seiner Erlösung verkörpert.

In der Zwischenzeit, während seines kurzen Lebens inmitten des trügerischen »roten Staubes«, haben sich Pao-yu's spirituelle Energien verstreut. Wie wir alle nimmt er sowohl seine positiven als auch seine negativen Bindungen an das, was er für die Realität des alltäglichen Lebens hält, sehr ernst. Die Energien, die eines Tages seine Erleuchtung herbeiführen und seine Befreiung vom ständigen Leid bewirken werden, sind jetzt in das irdische Spiel der Selbsttäuschung eingebunden. Als Mitglied der Chia-Familie entwickelt er bald romantische Beziehungen zu seinen Kusinen, der Schwarzen Jade und der Kostbaren Tugend.

Diese beiden Frauen, die symbolisch die beiden Hälften von Pao-yu's eigenem geteilten Selbst verkörpern, sind zudem bemerkenswert stark entwickelte, eigenständige literarische Figuren. In dem gesamten Roman bilden Kostbare Tugend und Schwarze Jade ein dynamisches Gegensatzpaar, aus völlig verschiedenen Charakteren bestehend.

Kostbare Tugend tritt oft hilfsbereit auf, wobei sie ihr Haar zu einem kunstlosen Knoten hochgesteckt und schlichte Kleidung angelegt hat, um durch ihre Anwesenheit möglichst wenig Aufmerksamkeit zu erregen. Ihre einfache Eleganz, ihre robuste Gesundheit und ihre zuvorkommende, gefällige Art geben ihr eine mütterliche Erscheinung. Schwarze Jade hingegen ist, obgleich kränkelnd, eine zerbrechlich schöne, exotisch aufgeputzte, leidenschaftlich intensive, unberechenbare *Femme fatale*.

Ohne auch nur zu ahnen, wie anziehend sie wirkt, gewinnt Kostbare Tugend die Zuneigung aller Mitglieder der Chia-Familie. Da sie ihr gefälliges Verhalten mit Takt und Verständnis verbindet, eine ungewöhnliche Qualität für ihr Alter, spiegelt sie auf die rechte Weise die diplomatische Gutwilligkeit, die sensible Reserviertheit und die aufopfernde Redlichkeit, die ihre konfuzianische Erziehung erfordert. Ihr Engagement, für alle von ihr gemachten Fehler die volle Verantwortung zu übernehmen, steht im krassen Gegensatz zum Verhalten der Schwarzen Jade mit ihrer impulsiven Hingabe an den ungezügelten taoistischen Weg der unmittelbaren Spontaneität. So wie die eine übermäßig erregbar, hochmütig, launisch und exzessiv ist, gibt sich die andere bescheiden, sanft, empfindsam, verläßlich und zurückhaltend.

Pao-yu fühlt sich zuerst zur einen und dann zur anderen Kusine hingezogen. In einer der Schlüsselszenen des Romans träumt Pao-yu von der roten Kammer. In einem ›feuchten Traum‹ trifft er die Göttin der Desillusionierung, die »das Königreich des Trennungsschmerzes im Ozean der Trauer bewohnt. Sie ist die Göttin der unglücklichen Mädchen und der traurigen Liebenden, ihrer Liebesenttäuschungen und ihrer unerfüllten Wünsche.«[6] Dort wird er von einer jungen Frau – sie besitzt die Grazie von Kostbare Tugend ebenso wie die leidenschaftliche Schönheit von Schwarze Jade – in die Kunst der Liebe eingeführt. Zusammen ergibt dies die vollendete Frau aus Pao-yu's Träumen.

Für die Mächtigen des Clans ist es offensichtlich, daß die reinen, praktischen und verläßlichen Eigenschaften von Kostbare Tugend sie dazu auszeichnen, eines Tages Herrin des Hauses Chia zu werden. Stets anmutig, geduldig und besonnen, ist sie eine natürliche Friedensstifterin, deren Ergebenheit und gutes Urteilsvermögen ihr schon den Respekt sowohl der Familienmitglieder als auch der Bediensteten eingebracht haben.

Im Interesse der Familienpolitik ignorieren sie, daß Pao-yu sich heftig in seine zwar weniger reife, aber dafür um so feurigere Gespielin verliebt hat. Sie sind sicher, daß Pao-yu schon bald zur Vernunft kommen und über Schwarze Jades verderbliche, leidenschaftliche und mutwillige Art hinauswachsen und statt dessen Kostbare Tugends verläßlichen, soliden gesunden Menschenverstand bevorzugen wird.

Jedoch kommt es zwischen den Kräften der leidenschaftlichen Liebe und der politischen Macht zu einem offenen Konflikt, als Pao-yu und Schwarze Jade beschließen, zu heiraten. Die Familie betreibt eine Verschwörung, um Pao-yu zu überlisten, damit er statt dessen Kostbare Tugend heirate. Als Schwarze Jade dies entdeckt, wird sie sterbenskrank. Pao-yu bemerkt davon nichts und erwartet ungeduldig seine Heirat mit Schwarze Jade, während man Kostbare Tugend mit der Nachricht täuscht, daß er sie auserwählt habe. Die Heiratszeremonie wird mit soviel melodramatischem Schwindel gefeiert, daß Pao-yu sich mit dem falschen Mädchen verheiraten läßt. Als er endlich erkennt, was geschehen ist, lebt Schwarze Jade nicht mehr. Für eine Zeit verliert Pao-yu den Verstand. Seine Genesung von dieser Blendung und Verzweiflung führen schließlich zu seiner spirituellen Erlösung.

Die Psychotherapie kennt oft ähnliche Wege der Heilung und der emotionalen Erlösung. Auch in meiner Praxis erscheinen manchmal Menschen, die ähnliche Charakterzüge aufweisen wie Pao-yu. Typischerweise ist die erste Begegnung für den Patienten wie auch für den Therapeuten gleichermaßen verwirrend. In den Augen des Therapeuten verlagert sich das Bild und Verhalten des Patienten ständig von einer widersprüchlichen Kategorie zur anderen. Die meisten von uns Therapeuten brauchen eine ganze Weile, um zu erkennen, daß das einzige zuverlässige Kriterium zur Diagnose dieser Art von Persönlichkeitspaltung die verwirrende Unsicherheit ist, die sich beim Gespräch mit dem Patienten einstellt.

Wenn solch ein neuer Patient zu seinem ersten Termin erscheint, hat es meist schon in unserem einleitenden Telefonkontakt eine unangenehme Doppeldeutigkeit gegeben. Da ich mir sicher bin, daß der Patient den emotionalen Kummer und die geistige Erkrankung bei der Schilderung melodramatisch übertreibt, werde ich bei meinem Urteil unsicher. Augenblicke später bin ich mir wieder völlig sicher, allerdings mit der gegenteiligen Annahme, nämlich, daß dieser Mensch tief verstört, von schrecklichem Schmerz gepeinigt und wahrscheinlich ziemlich verrückt sei.

Folgendes passierte mit einer neuen Patientin in der Telefonvermittlung des Empfangs meiner Praxis. Als mein Telefon klingelte, befand ich mich gerade mitten in einer Sitzung mit einem anderen Patienten. Die Leute in der Zentrale wissen, daß ich Wert darauf lege, keinerlei Anrufe direkt entgegenzunehmen, es sei denn, ein Mitglied meiner Familie will mich dringend sprechen. Alle anderen Anrufer werden einfach gebeten, Namen und Telefonnummer zu hinterlassen, damit ich sie später zurückrufen kann, wann und wenn ich dies wünsche. Da der Telefonist den Anruf durchstellte, nahm ich an, daß es sich um einen dringenden familiären Anruf handelte. Doch es war eine neue Patientin, die vom Telefon im Empfangsraum ankündigte, daß sie fünfzehn Minuten zu früh zu ihrem ersten Termin erschienen sei. Ich fühlte mich verwirrt und gereizt. Abrupt sagte ich ihr, daß sie nicht anzurufen brauche, da ich sie zur verabredeten Zeit ohnehin treffen würde.

Als unsere erste Sitzung begann, war ich bereits verwirrt, bekümmert und immer noch leicht verärgert. Verständlicherweise war die Patientin noch aufgebrachter als ich. Es stellte sich nämlich heraus, daß der Mann an der Telefonvermittlung darauf bestanden hatte, sie müsse der an der Wand des Empfangsraums plakatierten Anweisung Folge leisten: »Alle Besucher müssen angemeldet werden«. Sie tat, was man ihr gesagt hatte, und ich war »gemein«, kritisch, und roh zu ihr gewesen.

Da ich nicht wußte, was ich glauben sollte und was ich mit Vorsicht genießen mußte, beschloß ich, meiner Verwirrung als einem guten Omen zu vertrauen. Ich entschuldigte mich erst einmal für mein Verhalten. (Später am Nachmittag erfuhr ich, daß der reguläre Telefonist länger fort gewesen und durch seinen unerfahrenen jüngeren Bruder vertreten worden war, auf dessen Veranlassung die neue Patientin angerufen hatte, was der reguläre Mann niemals zugelassen hätte.)

Ich sagte der jungen Frau, dies sei wahrscheinlich eine starke therapeutische Erfahrung, die sich als sehr nützlich für sie erweisen könnte. Zu meiner eigenen Verwunderung schien es sie ziemlich zu erleichtern, daß wir »gleich zu Anfang in Schwierigkeiten geraten waren und es überlebt hatten«.

Penny (ein Pseudonym) erzählte im Anschluß daran, weshalb sie zur Psychotherapie erschienen sei. Ihr Bericht war angefüllt von akademischen Erfolgen in frühen Jahren und beruflichen Katastrophen im Erwachsenenleben.

Allmählich fing ich an zu verstehen, daß Pennys Persönlichkeit ebenso gespalten war wie die Pao-yu's bei seiner Wahl zwischen Kostbare Tugend und Schwarze Jade. Als letztes Kind einer ständig depressiven Mutter war sie in eine Welt erheblich älterer und neidischer Geschwister hineingeboren worden. Ihre Eltern hatten von diesem jüngsten Kind erwartet, daß es ihnen später die reine Freude bescheren würde, aber ganz gleich wie sich Penny verhielt, sie waren stets enttäuscht von ihr. Ihre Schwestern machten sich auf grausame Weise lustig über sie, weil sie etwas Besonderes zu sein glaubte.

Um emotional überleben zu können, mußte Penny eine stark gespaltene Imagination entwickeln. Insgeheim hoffte sie, eines

Tages würde sie von jemandem entdeckt werden, für den es die reine Freude wäre, mit ihr zusammenzusein. Nach außen war sie ängstlich darum bemüht, sich auf oberflächliche und vorsichtige, sich selbst herabsetzende Weise zu präsentieren. Immer in der Furcht lebend, sie könne durch einen schrecklichen Fehler ihre Chancen, jemals geschätzt zu werden, für immer verspielen, wurde sie so nervös und reizbar, daß sie oft ohne ersichtlichen Grund andere Leute angriff. Sie glaubte, wenn sie nur klüger, lieblicher oder attraktiver wäre, würde schon jemand völlig von ihr hingerissen sein und sie zum Mittelpunkt seiner Welt machen. Immer, wenn keine Bestätigung in Sicht war, sah Penny sich als Opfer entweder der Mißgunst anderer Menschen oder ihrer Verachtung. Es kam ihr nie in den Sinn, daß deren Aufmerksamkeit vielleicht einfach auf etwas anderes gerichtet war, auf Dinge, die mit ihr nicht das geringste zu tun hatten. Sie konnte auch nicht begreifen, daß diese Leute vielleicht nur kurzzeitig über sie verärgert sein könnten, ohne daß sie nun für immer deren Wohlwollen verscherzt hätte. Im ersten Moment verlor sie sich in der Hoffnung, alle bis zur Verzückung hinzureißen, im nächsten wurde sie von der Angst gejagt, jeder werde sie für immer verachten.

Ironischerweise war es eine wahre Freude, mit Penny zusammenzusein, wenn sie weder von übertriebenen Hoffnungen in Hochstimmung versetzt noch von übermäßigen Ängsten geplagt wurde. Obgleich sie nicht so himmlisch war, wie sie zu sein hoffte, war sie auch nicht so ekelhaft, wie sie fürchtete. Penny hätte niemals die idealisierte Liebenswürdigkeit von Kostbare Tugend und auch nicht die unwiderstehliche Leidenschaftlichkeit von Schwarze Jade erreichen können. Und dennoch habe ich Penny, wenn sie entspannt war, immer als kluge, kompetente und attraktive junge Frau erfahren, mit einem lebhaften Interesse für die Dinge in ihrer Umgebung, mit einem köstlich neckischen Sinn für Humor und echtem Mitgefühl für andere Menschen.

Unglücklicherweise war das Beste von Pennys Wesen die meiste Zeit in ihrem Leben durch die eine oder andere Seite ihrer schmerzvoll gespaltenen imaginierten Hoffnungen und Ängste verdunkelt worden. Zu Anfang klagte sie unentwegt darüber, daß sie sich angespannt und verängstigt fühle und ein bedrückend leeres und sinnloses Leben führe. Immer wenn ich ihr dann jedoch mitfühlend zurückspiegelte, wie schlecht sie sich fühlen müsse, reagierte Penny mit offener Wut auf mich. Sie beklagte sich, daß Mitgefühl bei ihr Schuldgefühle hervorrufe, weil sie es nicht verdiene. Außerdem zwänge es sie dazu, sich dem überwältigenden Gefühl der Verzweiflung zu stellen, gegen das sie nichts ausrichten könne.

Allmählich, nach sehr vielen gemeinsamen Sitzungen, erkannte ich, daß mein ganzes Handeln bei ihr schlechte Gefühle verursachte. Wenn ich sprach, waren meine Worte kritische Urteile, die sie verletzten. Mein Schweigen erlebte sie als bestrafendes Zurückhalten, das sie wütend auf mich machte, weil ich »mich weigerte, mit ihr zu sprechen«.

Da ich begriff, daß es für Penny wichtig war, sich darüber zu beklagen, wie schlecht sie sich behandelt fühlte, fuhr ich fort zu sprechen, wenn es mir nützlich erschien, und zu schweigen, wenn ich nichts Wesentliches zu sagen hatte, wie auch ihre häufige Unzufriedenheit mit allem, was ich tat oder nicht tat, zu akzeptieren. Je umfassender ihre Beschwerden wurden, desto abhängiger wurde sie eigenartigerweise von der Erfahrung der Therapie und von unserer Beziehung. Schon bald beklagte sie sich darüber, daß ich nicht lächeln würde, wenn ich sie zu Anfang der Sitzung begrüße, und auch darüber, daß ich sie am Ende nicht nach draußen begleiten würde. Sie beklagte sich ganz einfach über alles, was ich in der Zwischenzeit tat oder unterließ. Zu diesem Zeitpunkt gab sie mir indirekt zu verstehen, daß zwei Sitzungen in der Woche nicht ausreichten, um all ihre Probleme zu besprechen.

Ich deutete an, daß sie wahrscheinlich sehr gerne öfter kommen wolle, daß sie es jedoch als ein Nachgeben ihrerseits ansehen würde, um einen dritten wöchentlichen Termin zu bitten. Da Penny mich oft falsch zitierte, um so ihre eigenen Gefühle über das, was sie als Machtkämpfe erlebte, zu verbergen, war ich nicht sonderlich überrascht, als sie bei unserem nächsten Treffen sofort sagte: »Da Sie darauf bestehen, daß es mir sicherlich helfen würde, meine Probleme zu lösen, wenn ich öfter zur Therapie komme, nehme ich Ihre Verordnung einer dritten Sitzung pro Woche an.«

Bis zu diesem Zeitpunkt hatte ich davon abgesehen, irgendeines ihrer gegenwärtigen Symptome und Charaktermerkmale als Restbestand ihrer früheren Familiengeschichte zu deuten. Jede Sitzung begann damit, daß ich ihren vielen bruchstückhaften Versuchen, ihren Eröffnungssatz zu vervollständigen, schweigend zuhörte. Sie war zerrissen zwischen Hoffnung und Angst. Sie begann mit der Darstellung, hielt dann aber sogleich bei ihrer ersten Bemerkung inne, um dem Erzählten eine weitere, bald wieder unterbrochene Episode anzuhängen. Oft kostete es sie vier oder fünf Versuche, die ersten Sentenz eines beliebigen Themas oder einer Darstellung zu beenden.

Ich beschränkte meine Eingriffe darauf, ihr aufzuzeigen, wie gespalten ihre Gefühle, wie geteilt ihre Wünsche und wie widersprüchlich ihre Beurteilungen waren. Was immer auch sie über Situationen außerhalb meines Büros und über Begegnungen außerhalb der Therapie berichten mochte, ich betrachtete alles als eine seelische Produktion, die irgendeinen bislang unbeachteten Aspekt ihres verborgenen Selbst oder ein von ihr noch nicht ausgedrücktes Gefühl über unsere Beziehung widerspiegelte.

Sie reagierte darauf, indem sie mich einen »Egomanen« nannte. Dennoch zeigte mir ein zartes Lächeln an, wie wunderbar es für sie war, in einer sicheren persönlichen Beziehung ernstgenommen zu werden. Im übrigen fürchtete sie, die Verantwortung für irgendeinen schrecklichen Fehler übernehmen zu müssen, der alles ruinieren und dazu führen könnte, daß sie im Stich gelassen würde.

Um ihrem verzweifelten Bedürfnis nach Bestätigung zu genügen, bot ich ihr folgenden einseitigen Vertrag an: »Sie fürchten, einen so schrecklichen Fehler zu machen, daß ich Ihnen verwehren müßte, jemals wiederzukommen. Ich weiß, daß es für mich in Ordnung ist, meine Zeit mit Ihnen zu verbringen. Ich befürchte nicht, daß irgendetwas passiert, womit wir nicht gemeinsam fertig werden könnten. Allerdings glaube ich, die einzige Möglichkeit, Ihre Ängste zu beruhigen, besteht darin, Ihnen einen einseitigen Vertrag anzubieten, der Ihnen alle Macht gibt. Was halten Sie davon? Solange Sie die beiden Grundregeln beachten (rechtzeitige Bezahlung und keine Gewalt im Behandlungsraum), verpflichte ich mich, Sie zu empfangen, ganz gleich, was Sie sonst sagen oder

tun. Sie haben die Freiheit, die Therapie zu beenden, wann immer sie dies wollen, ohne es vorher ankündigen oder meine Zustimmung einholen zu müssen.« Unsicher, ob ich dies ernst meinte, sagte sie sanft: »Das möchte ich sehr gerne.«
»Für wie lange?« fragte ich sie.
»Wie wäre es mit sechs Monaten?« antwortete sie zaghaft, als hätte sie zuviel erbeten.
Da ich mich jetzt auf sicherem Boden fühlte, antwortete ich: »Sagen wir statt dessen ein ganzes Jahr!«
Obgleich Penny sich gewöhnlich so gab, als fühle sie sich außerstande, ihre Situation zu verbessern oder andere Menschen zu beeinflussen, beharrte sie oft störrisch und unnachgiebig darauf, daß ich meine »vielen willkürlichen und unfairen Regeln« aufgeben sollte. Zu diesen »Regeln« gehörte u.a., daß ich keine abendlichen Therapiesitzungen gab und daß ich keine Praxis in der City hatte, denn beides hätte besser in ihren Zeitplan hineingepaßt. Auch dies war im Grunde ein an mich gerichteter Appell, mich »wirklich um sie zu kümmern«.
Es dauerte eine geraume Zeit, bis ich erkannte, daß Penny sich tief verletzt und entwertet fühlte, wenn ich irgendetwas nicht nach ihrem Willen tat. Auch die größte Bestätigung vermochte ihr tiefes Gefühl nicht zu lindern, als einzelner für die menschliche Gemeinschaft wertlos zu sein. Die einzige Möglichkeit für sie, eigene, positive Gefühle zu entwickeln, bestand darin, daß sie mir zeigte, wie häßlich, feindselig und hilflos unbefriedigt sie sich fühlte.
Diese schreckliche Unzufriedenheit mit ihrem Leben und meinem Verhalten mußte von ihr immer wieder demonstriert und von mir ebenso oft akzeptiert werden. Immer dann, wenn sie glaubte, einen Fortschritt erzielt zu haben, oder wenn sie meine Bemühungen zu schätzen gelernt hatte, machte sie das defensiv wütend. Wenn ich nicht in ihrer Wut zur bösen versagenden Mutter wurde, dann war ich in ihren Augen ein vom Leben begünstigtes Kind. Ganz gleich, wie hilfreich ich zu sein versuchte, keine dieser beiden Imaginationen erlaubte es ihr, meine Bemühungen zu würdigen.
Das brachte sie etwa auf folgende Weise zum Ausdruck: »Sie sind ein berühmter, erfolgreicher Mann, der all die guten Dinge im

Leben bekommt und von jedem mit liebender Aufmerksamkeit bedacht wird. Ich dagegen versage bei meiner Arbeit und werde von niemandem wirklich geliebt. Warum sollte ich Ihnen irgendein Vertrauen entgegenbringen?« Als ich ihr ankündigte, daß ich unsere Arbeit unterbrechen müsse, um mich einer neurochirurgischen Behandlung zu unterziehen, antwortete sie: »Nun, Sie haben es bisher im Leben schon so gut gehabt, es wäre eigentlich gar nicht schlimm, wenn Sie bei der Operation sterben würden.« Dies war einer der seltenen Momente, bei denen ich selbst mit einem empörten Angriff antwortete. Ich sagte: »Es ist kein Wunder, daß Sie so große Schwierigkeiten haben, von den Leuten das zu bekommen, was Sie haben wollen. Sie glauben selbst so hilflos zu sein, daß Sie nie sehen, wieviel Haß Sie anderen entgegenbringen können.«

Da erkannte Penny zum ersten Mal die Verletzbarkeit meiner Gefühle. Dennoch verbrachte sie auch weiterhin die meiste Zeit damit, sich darüber zu beklagen, wie unangenehm meine Operation *für sie* sein würde. Im Krankenhaus erhielt ich während meiner Genesung eine Karte von ihr, auf der stand: »Plötzlich habe ich erkannt, daß die Operation für *Ihr* Wohlbefinden notwendig war. Ich hoffe, Sie haben sie gut überstanden.« Zum ersten Mal wurde ihr klar, daß ich ein eigenständiges menschliches Wesen war mit einem eigenen bedürftigen Selbst.

Allmählich realisierte sie, daß die Gründe, warum andere Menschen nicht so handelten, wie sie es wollte, oft nicht im geringsten mit ihr selbst zu tun hatten.

Dies verschaffte Penny die Erleichterung, sich nicht verdammt und bestraft fühlen zu müssen, nur weil die Dinge sich nicht so entwickelten, wie sie es sich gewünscht hatte. Gleichzeitig wurde sie von der Erkenntnis ihrer eigenen, gewöhnlichen Existenz bedroht. Dieser Gedanke erschien der grandiosen Seite von Pennys geteilter Charakterstruktur katastrophal. Die *Angst*, einen unverzeihlichen Irrtum zu begehen und verlassen zu werden, war schon erschreckend genug. Doch schlimmer erschien die Drohung, sie müsse ihre geheimste *Hoffnung* aufgeben, eines Tages durch einen Märchenprinzen von allen Sorgen befreit zu werden. Solange man eine kostbare Prinzessin war, lohnte es sich natürlich,

an der schmerzenden Erbse zu leiden. Einerseits wollte sie erfolgreich sein, andererseits wünschte sie sich jedoch, ohne eigenes Bemühen entdeckt und zum Star gemacht zu werden.
Ein weiteres Problem war ihre Angst vor eigenen Erfolgen, denn diese könnten ja die anderen ebenfalls mit Neid erfüllen.
Sie sehnte sich nach dem Ruhm, befürchtete aber gleichzeitig, sie müsse dann alle Hoffnungen begraben, daß einmal jemand für sie sorgen würde. Sie beharrte außerdem darauf, daß Erfolg und Glück Scheinsiege für sie seien, da diese ihren Eltern eine zu große Selbstzufriedenheit verschaffen würde.
Schon als kleines Mädchen erfuhr sie von ihrer Mutter, daß sie eines Tages fähig sein würde, wundervolle Dinge zu tun, doch seien die Dinge, die sie bis zu diesem Zeitpunkt getan habe, nicht gut genug, um der Familie zu gefallen. Obgleich der Vater Penny selbst nicht kritisierte, unterstrich er mit seinem distanzierten und gleichgültigen Verhalten die Unzufriedenheit der Mutter.
Glücklicherweise wurde in der Schule Pennys Begabung früh erkannt und geschätzt. Auch bei ihrem Studium war sie höchst erfolgreich. Plötzlich dämmerte es ihr jedoch, daß die meisten ihrer Bemühungen darauf zielten, ihren letztlich nicht zufriedenzustellenden Eltern zu gefallen, und daß sie mit diesem Verhalten viel versäumt hatte. Sie wendete ihre Aufmerksamkeit vom Studium ab (später auch von der Arbeit), und wartete fortan auf den sie erlösenden Märchenprinzen. Es überrascht eigentlich nicht, daß ihre Verehrer sich als ebenso undankbar erwiesen wie ihre Eltern.
Ihr Festhalten am eigenen Schmerz verschaffte Penny eine Identität als Opfer. Schuld an ihrem Leid trugen allein wir. Für ihr Wohlergehen war es wichtig, uns schlecht sein zu lassen. Da sie nicht direkt zu dominieren vermochte, fühlte sie sich weniger hilflos, wenn sie sich vorstellte, unterschwellige Kontrolle ausüben zu können. Man hatte sie gelehrt, daß es schlecht sei, etwas für sich selbst zu wollen. Dies erschwerte es ihr, Verständnis und Zuneigung auszudrücken und zu empfangen. Sie haßte es, immer wieder streitsüchtige Beziehungen einzugehen, und doch war dies die einzige Form von Nähe, die sie ertragen konnte. Abhängigkeit war für sie ein destruktives Verlangen, doch schien ihr Unabhän-

gigkeit eine Form von Aggression zu sein, die schließlich dazu führen würde, verlassen zu werden. Als sie als kleines Kind die ersten autonomen Schritte unternahm, fühlte sich ihre depressive Mutter so stark angegriffen, daß sie viel zu früh mit dem Entzug der weiteren emotionalen Unterstützung begann.

Es war nicht leicht für Penny, in der Therapie die Vorstellung aufzugeben, sie könne nur wählen zwischen dem, was sie »beschämende Abhängigkeit« und »trügerische Unabhängigkeit« nannte. Lange Zeit hatte sie geglaubt, wenn ich ihr nicht völlig zustimmen würde, so bedeute dies, daß sie ganz und gar schlecht sei; sie könne jedoch in jedem Falle mein Wohlwollen und meine Zuneigung nicht annehmen, weil sie nicht gut genug sei.

Es dauerte lange und erforderte viele wiederholte Bestärkungen, bevor sie erkannte, daß ihre Unvollkommenheiten ebenso wie die meinen akzeptierbare Aspekte ihres Selbst waren. Es erschien ihr erstaunlich, daß es uns möglich war, wechselseitig unsere Schwächen zu erkennen, ohne unser gegenseitiges liebevolles Vertrauen aufs Spiel zu setzen.

Da sich Penny nur unter größten Mühen aus ihrer alten Rolle lösen konnte, schritt ihre Heilung – ebenso wie Pao-yu's Erlösung – nur langsam voran. Pao-yu hatte seinen Jade-Talisman von Geburt an bei sich und genoß in kritischen Momenten während seiner Reise durch den roten Staub die geistige Führung des schäbigen Mönchs und des lahmen Priesters. Aber auch er gab erst am Ende des Romans seinen Anspruch auf die Besitztümer der Chia-Familie auf.

Beide gingen auf langen verschlungenen Pfaden mit unvorhersehbaren Umwegen. Schließlich war es beiden möglich, zu vergessen und frei zu sein, und dies eigentlich nicht durch das Lösen ihrer Probleme, sondern vielmehr dadurch, daß sie das Interesse an ihnen verloren.

9. *Unverschämte Kompensationen*

Die Entwicklung der Imagination beginnt bei jedem Kind mit dem Lernschritt, vorauszusehen, was in den nächsten Momenten geschehen könnte. Meine eigene Imagination setzte sich anfangs gleichermaßen aus Hoffnungen und Ängsten zusammen. Dieses alternierende Repertoire positiver und negativer Erwartungen zeichnet ursprünglich die Imagination aller Kinder aus und wird nur durch die individuellen, anlagebedingten Neigungen eingeschränkt. Schon früh prägten exzessive Beschämungen – sie waren ein Hauptbestandteil der Erziehung meiner Eltern – meine Erwartungshaltung und meine Charaktereigenschaften.

Scham einflößende Eltern drücken ihr Mißfallen aus, indem sie ihren Kindern wiederholt sagen: »Schau, wie töricht du bist, wie ungeschickt, wie dumm! Was werden die anderen Leute von dir denken, wenn sie sehen, daß du nichts richtig machen kannst? Du solltest dich für dich selbst schämen, weil du so bist. Wenn dir wirklich etwas daran läge, wenn du es richtig machen wolltest, wenn du dir mehr Mühe geben würdest, dann könntest du ein Kind sein, so wie wir es gerne hätten.«

Wenn man wiederholt derartigen Beschimpfungen ausgesetzt ist, ruft das eine innere Reaktion der Selbstverachtung hervor. Schließlich lernt das Kind selbst zu sagen: »Was für ein Idiot bin ich doch, was für ein schrecklicher Mensch! Nie mache ich irgendetwas richtig. Ich habe keine Selbstkontrolle. Ich gebe mir einfach nicht genug Mühe. Wenn ich das täte, würden sie sicherlich zufrieden sein.«

Scham einflößende Eltern drücken ihrem Kind gegenüber Verachtung und Abscheu aus, indem sie es lächerlich machen, sich von ihm abwenden und ihm ihre Liebe entziehen. Ein Kind, das wiederholt auf diese schädigende Weise behandelt wurde, wird in die Rolle gedrängt, sich für immer klein, machtlos und unwürdig

zu fühlen. Dies kann dazu führen, daß jemand sein Leben damit verbringt, vergeblich den Beifall anderer zu suchen, in der Hoffnung, eines Tages schließlich doch noch bestätigt zu werden.
Meine Eltern beschämten mich oftmals ohne Grund. Sie redeten mir ein, daß meine Ungeschicklichheit, meine Unzulänglichkeiten und mein Versagen sie unglücklich machten. Sogar meine Erfolge und Fertigkeiten schienen nur zu beweisen, wie minderwertig und unzulänglich ich sei.
Mit acht Jahren lernte ich schwimmen. In manchen Familien wäre dies ein Anlaß zu elterlicher Freude über den Erfolg des Kindes gewesen, eine Gelegenheit zum Lob. In meiner Familie jedoch war es nur ein weiterer Anlaß für Kritik, eine Gelegenheit, mich wissen zu lassen, was für eine Enttäuschung ich doch sei.
Erst jetzt könnten sie am Strand sitzen und die Sonne genießen, ohne sich meinetwegen große Sorgen machen zu müssen. Was nur mit mir los sei, daß ich nicht schon eher hätte schwimmen lernen können, wie all die anderen Kinder, die ihre Mütter und Väter liebten? Ein Kind müsse lernen, dafür zu sorgen, daß die Eltern, die so hart arbeiten, sich keine Sorgen zu machen brauchten. Aber nicht ich, oh nein, nicht ihr *Nisht Guteh* (jiddisch, etwa: Tunichtgut). Alles, was ich könnte, sei, eigensüchtig zu sein, an nichts anderes als an mich selbst zu denken und nur am Strand zu spielen. Sie sagten, ich hätte schließlich nur gelernt, was zu lernen ohnehin meine Pflicht gewesen sei. Warum also in Himmels Namen hätte ich es nicht gelernt, als ich es lernen sollte?
Wir lebten während jener Tage am Meer in einem winzigen gemieteten Bungalow. Meine Mutter hielt ihn makellos sauber, indem sie ständig den Sand auskehrte, den ich vom Strand »hereingeschleppt« hatte, weil ich mich »weigerte«, mich zuvor sorgfältig zu säubern. Es war eine *Schande vor den Gojim* (vor den Ungläubigen), daß ein ausgewachsenes Pferd wie ich ständig einen Schweinestall aus dieser Hütte machen mußte, die wir nur hatten, weil Vater das ganze Jahr über wie ein Sklave arbeitete. Die ganze Woche über schuftete er sich in der heißen Stadt fast zu Tode, um an den Wochenenden in einem solchen Dreck leben zu müssen.
Eines Abends beim Abendessen im Bungalow sagten mir meine Eltern in ernstem Ton, daß sie mit mir über meine Erfolge beim

Schwimmen reden wollten. Ich war hocherfreut. Jetzt würde ich endlich hören, daß ich ein guter Junge sei, der etwas geschafft habe und ihrer Anerkennung würdig sei. Statt dessen konfrontierten sie mich mit einem ihrer grausamen Spiele. Mein Vater begann: »Deine Mutter und ich haben darüber gesprochen, wie gut du nun schwimmen kannst. Es ist angenehm zu wissen, daß wir uns jetzt keine Sorgen mehr machen müssen, wenn du im Wasser bist.«

»Aber du darfst nie länger im Wasser bleiben, ohne mich zuvor gefragt zu haben«, unterbrach ihn meine Mutter. »Zuviel Aufregung ist nicht gut für ein Kind. Eine Mutter weiß darüber Bescheid, frage mich also, bevor du zu lange schwimmst.«

»Oh, Mama, ich bin doch kein kleines Kind mehr«, beklagte ich mich.

»Genug«, brachte sie mich zum Schweigen. »Ein Junge redet nicht dazwischen, wenn sein Vater spricht, ein Vater, der die ganze Woche über in der Stadt für ihn schuftet.«

Mein Vater verstand, daß er nun fortfahren sollte. »Nachdem du nun endlich schwimmen kannst, fragen wir uns, was du tun würdest, wenn das Schlimmste passieren würde. Angenommen, deine Mutter und ich schwämmen beide im Meer und, Gott möge es verhüten, wir wären beide in Gefahr, zu ertrinken. Wenn du am Strand ständest und wüßtest, daß du nur einen von uns retten könntest, wen würdest du dann retten?«

Dies war die bekannte Situation, in der ich nicht gewinnen konnte: ich mußte ein guter Junge zu sein, ohne daß ich die geringste Möglichkeit sah, dies zu schaffen. Dennoch versuchte ich es. »Sogar wenn ich dabei selbst ertrinken würde, ich würde euch beide retten.«

Meine imaginativ projizierte achtjährige Selbstaufopferung war nutzlos. »Es zeigt sich, daß du nicht zuhörst, wenn dein Vater versucht, dir etwas Wichtiges zu sagen«, seufzte meine Mutter. Dann zu meinem Vater gewandt: »Erkläre es dem dummen Jungen noch einmal.«

Daraufhin wiederholte und unterstrich er die tödliche Voraussetzung. Ganz gleich, wieviel Mühe ich mir auch machen würde, es gab in dieser Situation für mich keine Möglichkeit, beiden Eltern gerecht zu werden.

Ich fühlte mich gefangen. Die Aufgabe war einfach zu schwierig, aber ich wußte, sie würden mich nicht von der Angel lassen. Sie bestanden darauf, daß ich eine Antwort finden müsse, wenn mir wirklich etwas an ihnen läge. Wenn ich nur einen von ihnen retten könnte, so müßte ich das zumindest tun. Nun, wen sollte ich bevorzugen? In meiner Verzweiflung entschied ich mich schließlich für meinen Vater.

»Und mich würdest du ertrinken lassen?«, wandte da meine Mutter ein.

Nun gut, ich hatte eine Wahl getroffen. Welche Gründe gab es, mich auf diese Weise zu entscheiden? Ich kämpfte tapfer, um eine annehmbare Erklärung zu finden. »Weil Daddy so hart arbeitet und weil er derjenige ist, der die Familie ernährt. Es gäbe gar keine Familie, wenn er nicht das Geld verdienen würde, damit wir eine Wohnung und genug zu essen haben. Ich möchte nicht, daß dir irgendetwas passiert, Mama, aber wenn einer von euch beiden ertrinken müßte und ich entschiede, daß es Daddy sein müßte, wie könntest du uns dann ernähren?«

Sie waren entsetzt, daß ein Junge seine eigene Mutter ertrinken lassen würde. Meine Mutter führte aus, daß selbst dann, wenn Geld vorhanden wäre, nur sie für mich ein Zuhause schaffen könnte.

Da ich meinen Irrtum begriff, ging ich zum Rückzug über und versuchte, meinen Fehler wiedergutzumachen. »Es tut mir leid, ich habe es einfach nicht unter diesem Gesichtspunkt gesehen. Ich glaube, es wäre tatsächlich besser, wenn ich dich retten würde, Mama, auch wenn Daddy dann ertrinken müßte. Natürlich würde ich mir auch das nicht wünschen, Daddy, aber es wäre die einzige Möglichkeit, Mutter und mich am Leben zu erhalten.«

Mein Vater schüttelte verletzt und ungläubig seinen Kopf: »Und was soll dann aus dir und deiner armen Mutter werden, wenn niemand sich um euch beide kümmert? Was sollte dann deine Mutter tun? Sollte sie vielleicht als Putzfrau arbeiten und Wäsche zum Waschen annehmen? Wäre es dir gleichgültig, wie sie leiden müßte, wenn ich nicht da wäre, um euch beide zu unterstützen?«

Wieder falsch! Und es sollte nicht das letzte Mal sein, daß ich dieser Prüfung unterzogen wurde. Den ganzen Sommer lang konfrontierten mich meine Eltern unentwegt mit diesem Dilemma. Es dauerte einige qualvolle ›Sitzungen‹, bis ich erkannte, daß ich ganz einfach ausharren sollte, ganz gleich, wie groß der Entscheidungsdruck war, dem sie mich aussetzten. Ein wirklich guter Junge käme niemals auf den Gedanken, den Tod auch nur eines Elternteils ernsthaft in Erwägung zu ziehen. Als ich dies begriff, lachten sie mich aus, weil ich erst jetzt die richtige Antwort auf standhafte Weise zu vertreten wußte. Aber zu diesem Zeitpunkt fühlte ich mich bereits so schlecht, daß ich insgeheim wünschte, sie würden beide ersaufen.[1]

Es ist ein riesiger Unterschied, *ob man sich schuldig fühlt durch das, was man tut* oder *ob man sich schämt, der zu sein, der man ist.* Schuld entsteht durch eine bestimmte Handlung. Ich kann Schuldgefühle erfahren, wenn ich etwas tue, das nicht erlaubt ist – wenn ich lüge oder stehle oder schwindle. Scham überfällt mich unwillkürlich. Scham ist ein umfassender Zustand. Ich ›fühle‹ mich selbst beschämt. Es durchflutet mein gesamtes Sein.

Wenn ich beschämt bin, ist mein den Ansprüchen nicht genügendes Selbst mißbilligenden Blicken ausgesetzt. Es gibt keine bestimmte Tat, die rückgängig gemacht, gesühnt oder vergeben werden könnte. Es ist einfacher, sich schuldig zu bekennen, etwas falsch gemacht zu haben, als sich der Schande der Minderwertigkeit auszusetzen.

Schuld und Scham werden durch elterliches Fehlverhalten hervorgerufen. Schuld entsteht bei schlechtem väterlichen Verhalten, Scham bei schlechtem mütterlichen Verhalten. Jeder Elternteil kann dabei eine dieser beiden Möglichkeiten bevorzugen, unabhängig vom eigenen Geschlecht.

Ein extrem autoritäres väterliches Verhalten führt zur schuldhaften Vorwegnahme einer Bestrafung für das Übertreten von festgelegten Regeln und Normen. Übermäßig beanspruchendes mütterliches Verhalten erzeugt Scham. Das beschämte Kind fürchtet Verachtung und seine Preisgabe, nur weil es seine separate Identität nicht völlig der allumfassenden, unersättlichen Forderung der Mutter nach Nähe und totaler Einheit unterwerfen will.

Meine eigenen Eltern beschämten mich oft und grausam, um mich so zum ›richtigen‹ Menschen zu machen, zu jemandem, der Teil ihrer eigenen perfekten Gutartigkeit war. »Sei nett!« pflegten sie zu sagen. »Warum kannst du niemals nett sein? Wenn du nichts Nettes zu sagen hast, dann beiß dir auf die Zunge. Besser, du sagst dann gar nichts.«

Bestimmt war mein aufgestauter Groll zu spüren. Zumindest nahmen sie mit Recht wahr, daß mein Ton stets abstoßend war, auch wenn ich freundliche Worte wählte.

Schließlich gab ich es in meiner Verzweiflung auf, zu versuchen, gut zu sein. Wenn das einzige, was ich gut konnte, Schlechtsein war, konnte ich auch ebensogut abscheulich sein.

Als ich anfing, Dinge zu tun, die ungesetzlich und potentiell gefährlich waren, spielten meine Eltern jeden Grund zur Betroffenheit herunter. Mit fünfzehn Jahren war ich in der Drogenszene und schon halbwegs abhängig. Ich trieb mich in gefährlichen Kreisen herum, in denen es viel Gewalttätigkeit gab und wo Springmessser und Revolver ziemlich verbreitet waren. Ich versuchte mich zu retten, indem ich die Aufmerksamkeit meiner Eltern auf die Gefahren lenkte, wie um zu sagen: »Schau, Mama, jetzt komme ich in Schwierigkeiten.«

Ich pflegte mit ihnen über irgendeine gefährliche Situation zu sprechen, in der ich gewesen war. Mit sechzehn hatte ich den Armgurt eines Junkies gehalten, damit seine zerstochene Vene einen weiteren Schuß aufnehmen konnte. Danach ließ ich sie in verschlagener Weise wissen: »Schaut, ich wollte nicht, daß ihr euch aufregt, wenn ihr es von jemand anderem hört.« (Übersetzung: Ich sage euch dies, weil ich fürchte, daß ihr es sonst niemals herausfinden werdet.) »Ich war mit Drogensüchtigen unterwegs.« »Das ist schon in Ordnung«, versicherten sie mir daraufhin. »Du bist ein guter Junge. Du wirst es nie wieder tun.«

Physische Gefahr schien für sie kein wichtiges Thema zu sein. Rückblickend erscheint es mir so, als ob ›schlecht‹ zu sein für sie gleichbedeutend damit war, daß ich meine Gefühle ausdrückte.

Ihrer Meinung nach spielte ich oft zu lange. Das war nicht gut für mich. Wenn meine Mutter mich dann rief, mußte ich bereitwillig herkommen und ihr durch mein Verhalten bestätigen, daß sie nur mein Bestes im Sinn hatte. Ebenso war es, wenn ich aus der Schule kam und mit den anderen Kindern auf der Straße spielen wollte.

Dann mußte ich zuerst zum Laden gehen, um etwas einzukaufen, was meine Mutter vergessen hatte. Ich hatte keine Möglichkeit, dies abzulehnen. Ich wurde sogar bestraft, wenn ich mich deswegen beklagte. Man brachte mich dazu, daß ich mich schrecklich minderwertig fühlte, wenn einzelne Gesten oder Haltungen meine Unzufriedenheit ausdrückten. Ihr Befehl lautete: »Laß dich nicht gehen.«

In ihren Augen war ich mein ganzes Leben lang »frech« gewesen. Jede Äußerung meinerseits, die anzeigte, daß es irgendwo tief in meinem Inneren eine eigenständige Persönlichkeit gab, wurde als trotzige Herausforderungen angesehen. Wir entwickelten dieses Wechselspiel zu bemerkenswerten Anekdoten, die ich dann später oft zu hören bekam, als Beweis für meine Schlechtigkeit. Bei einem solchen symbolträchtigen Vorfall benutzte ich als Teenager in einem Streit mit meiner Mutter das Fluchwort »Zum Teufel«. Obgleich sie selbst oft Begriffe wie »Scheiße» und »verdammt« in zwei oder drei Sprachen in ihre Rede einflocht, war sie furchtbar schockiert. Sie reagierte, indem sie mich belehrte: »Zuerst sagt ein Junge ›Zum Teufel‹ zu seiner Mutter, doch bald sagt er dann auch ›Geh zum Teufel‹.« Innerhalb der nächsten zwei Wochen kam ich ihrem Wunsch nach. Ich brachte meinen Ärger gegenüber meiner Familie stets in dem Verhalten eines ›bösen Buben‹ zum Ausdruck.

Meine Eltern verwöhnten mich materiell auf verschiedene Weise. Sie gaben mir Kleider, Spielzeug, Geld, Unterhaltung und dergleichen mehr. Meine Mutter pflegte zu sagen: »Ich möchte, daß du alle guten Dinge der Welt kennenlernst, damit du, wenn du eines Tages erwachsen bist, weißt, was gut ist. Dann wirst du es nicht zulassen, daß sich dir irgendetwas in den Weg stellt. Du wirst nicht schwächlich sein wie dein Vater. Du wirst dir nehmen, was du willst.« Sie bestand darauf, ich könne alles bekommen, wenn ich es nur stark genug erhoffen würde.

Doch gleichzeitig vermittelten mir meine Eltern schreckliche Schuldgefühle wegen allem, was sie mir gaben. Wenn ich als Kind um Geld bat, legten sie mir die Pennies mit folgendem Segensspruch in meine geöffnete Hand: »Hier, nimm es, was immer du auch haben willst, du kannst es bekommen. Denke nur stets daran: dein Vater leistete für dieses Geld Sklavenarbeit und ich kann es entbehren. Aber du sollst alles bekommen. Für wen sonst leben wir denn? Nimm es und habe deinen Spaß damit!«

Im Alter von elf Jahren begann ich zu arbeiten. Das war angenehmer, als der Großzügigkeit meiner Eltern ausgeliefert zu sein. Ich arbeitete viele Jahre lang nach der Schule, an den Wochenenden und im Sommer, wenn ich eigentlich hätte spielen sollen.

Meine Aggressivität durfte ich nur in der Welt außerhalb der Familie ausdrücken. Wie ich meine Ängste zu erfahren hatte, wurde ebenfalls durch das Familiendrehbuch diktiert. Einige Dinge waren zu fürchten, wie beispielsweise fremdartiges Essen. »Du weißt nie, was für einen Dreck die *Gojim* (Ungläubigen) hineintun.« (Chow Mein und Pizza galten jedoch als Ausnahmen.) Fast allen Dingen außerhalb der Familie (oder der Kultur) war mit Vorsicht zu begegnen, weil sie verseucht sein konnten. »Du weißt nie, was sie alles in ihren Händen gehabt haben.« Und schließlich: »Die Familie bedeutet alles. Wenn auf niemanden mehr Verlaß ist, wird nur die Familie für dich sorgen.« »Aber Mutter«, pflegte ich dann zu protestieren, »wie ist das denn mit deinem Bruder Bill?« Ich wußte, sie konnte ihren ältesten Bruder Bill nicht ausstehen. Er war der geschäftliche Rivale meines Vaters und seiner Brüder. Mehr als einmal hatte er versucht, sie wegen Betrugs vor Gericht zu bringen. Ungerührt pflegte sie dann zu antworten: »Mein Bruder Bill zählt nicht zur Familie.«

Alles, was sie ängstigte, sollte mich ebenfalls ängstigen. Zum Beispiel hätte ich mich von fremden Vierteln fernzuhalten, insbesondere von finsteren Seitengassen. Gefährliche Männer lägen dort auf der Lauer, sagte sie mir. »Sie fangen kleine Mädchen und treiben schreckliche Dinge mit ihnen. Sie mögen aber auch dicke kleine Jungen.« Zu meinem unterschwelligen Verstehen dieser Warnung trug mit Sicherheit die traditionelle Methode meiner Mutter bei, mir bei den geringsten Anzeichen von Unwohlsein ein Klistier zu verabreichen.

Befürchtungen, die sich mit ihren eigenen Vorstellungen nicht deckten, wurden ganz einfach ignoriert. Wenn ich mich vor einer Aufgabe fürchtete, und ich dann den Fehler beging, ihr mein Leid zu klagen, pflegte sie sogleich zu sagen: »Nein, das stimmt nicht.

Das bildest du dir nur ein. Du fürchtest dich gar nicht.« Seltsam. Und ich hatte doch gedacht, ich würde mich fürchten. Allmählich lernte ich, keine rationalen Ängste mehr zu haben. Ich lernte, daß ich alles tun konnte, was sich meine Mutter in den Kopf gesetzt hatte. Natürlich würde ich auch den Erfolg haben, der meinem Vater niemals vergönnt gewesen war.

Dazu mußte ich ein umfangreiches Trainingsprogramm absolvieren. Im Alter von etwa acht Jahren verlor ich einen neuen Handschuh. Ich wurde durch das ganze Haus geschickt und mußte an jede Wohnungstür klopfen. Wahrscheinlich waren es nur dreißig Türen, aber zu jener Zeit kam es mir so vor, als seien es hundert. Ich mußte allen Nachbarn von meinem Mißgeschick erzählen und in eigener Verantwortung herausfinden, ob irgendjemand im Hause den verlorenen Handschuh gefunden hatte.

Als ich zehn oder elf Jahre alt war, hatte ich schon kommerziellere Aufgaben zu übernehmen. Einmal wurde ich mit einem Fleischpaket zum nahen Fleischerladen geschickt, das meine Mutter am gleichen Tag dort gekauft hatte. Der Laden war immer mit jüdischen Kundinnen gefüllt, die sich ungeduldig um die Ladentheke drängten. Hinter der Theke standen riesige, bärenstarke und fremdartig sprechende Metzger mit blutbespritzten Schürzen. Sie schwangen ungeheure Hackmesser, um irgendetwas auf den Opferbänken zu zerhacken.

Meine Anweisung lautete: »Geh entschlossen hinein. Du wirst keine Angst haben. Dränge dich zur Theke vor. Niemand darf dich aufhalten. Und sage dem Metzgermeister, dem großen, sage ihm, wenn er diesen Abfall nicht zurücknimmt und mir erstklassiges Fleisch gibt, sag ihm, daß deine Mutter dann selbst kommen wird, um es ihm ins Gesicht zu schmeißen.«

Mit siebzehn war ich bereits in der Lage, abgebrühten Geschäftsleuten Anzeigenraum im familieneigenen Branchenregister zu verkaufen. Da ich gelernt hatte, keine Angst zu haben, war ich schamlos hoffnungsvoll und schnitt daher ziemlich gut ab.

Lange Zeit versuchte ich herauszufinden, was eigentlich von mir erwartet wurde. Mir schien die Logik ihrer Regeln unergründlich zu sein. Ich brauchte viele Jahre, bis ich verstand, daß sich die Verhaltensregeln weniger auf mein Handeln bezogen, als vielmehr darauf, ob es meine Eltern ängstigte oder nicht. Letztlich brachten all diese Bewertungen zum Ausdruck, auf welche Weise die elterlichen Bedürfnisse erfüllt worden waren.[2]

Allmählich entwickelte ich eine zügellose Imagination, die es mir ermöglichte, all meine Ängste zu verbergen (sogar vor mir selbst). Ich war mittlerweile in der Lage, ein großes Maß an Beschämung zu tolerieren. Paradoxerweise erzeugt übermäßige Beschämung eher Trotz als Wohlverhalten. Wenn ein Kind die überwältigende Last der Beschämung nicht mehr ertragen kann, wird es möglicherweise insgeheim beschließen, sich in Zukunft schlecht zu benehmen. Es trägt dann eine Maske aus respektloser Boshaftigkeit.

Verzweifelt versuchte ich zu lernen, gut zu sein wie all die anderen Kinder. Ich beobachtete sie und versuchte mich genauso zu verhalten, damit auch ich es lernen würde, zu gefallen. Wenn meine Eltern dies bemerkten, sagten sie: »Schau nur, wie sehr er sich bemüht, gut zu sein, der böse Junge.« Als ich herangewachsen war, hatte ich es bereits aufgegeben. Es schien, als ob schlecht zu sein das einzige war, was ich wirklich gut konnte. Und so wurde ich aus Rache außerordentlich gut darin, schlecht zu sein. Ich hörte auf, mich passiv in Schwierigkeiten zu bringen, und fing an, aktiv dem Pfad der Gesetzlosen zu folgen. Meine Blumen des Bösen blühten im Schattenreich der Drogensüchtigen, Schlägerbanden, Prostituierten, Zuhälter und Gauner.

Sogar wenn ich zur Schule ging oder einen Job ausübte, war ich oft schamlos trotzig. Ich erinnere mich z.B. an einen Vorfall beim Literaturunterricht für Fortgeschrittene an der High School, in dem wir Shakespeares *Julius Caesar* studierten. Zu Anfang jener Woche kündigte der Lehrer an, wir müßten Mark Antonius' Lobrede auswendiglernen. Ich protestierte laut. Dinge auswendigzulernen, die unnötig meinen Kopf belasteten, sei sowohl reine Zeitverschwendung als auch eine Fremdbestimmung meines Geistes. Kein willkürlich geschaffenes Schulsystem habe das Recht, mir so etwas anzutun. Nachdem die Lehrerin einen Augenblick lang versucht hatte, auf mich einzugehen, mußte sie sich schließlich verständlicherweise über meinen Protest hinwegsetzen.

Am Ende der Woche überprüfte sie, ob wir die unglaublich lange

Rede auswendiggelernt hatten. Als der Tag der Prüfung nahte, war ich vom Sinn dieses Unternehmens noch genauso wenig überzeugt wie am Tage der Aufgabenstellung. Ich hatte nicht einen einzigen Augenblick damit zugebracht, den Text zu studieren.

Zu Beginn der Prüfung erschien ich im Klassenzimmer und nahm meinen Platz ein. Auf meinem Tisch legte ich ganz auffällig das Textbuch des *Julius Caesar* und schrieb die Lobeshymne einfach in das Prüfungsheft ab. Wie zuvor erhofft, sah die Lehrerin, was ich tat. Und auch dem Rest der Klasse blieb es nicht verborgen, daß sie meinen Akt des Widerstandes bemerkt hatte. Ihr blieb keine andere Wahl, als mein Fehlverhalten zu verurteilen. Vor der gesamten Klasse sagte sie mir, ich sei ein »schlechter Bürger«, und wie es sich für solche Schurken gehöre, müsse meine Mutter zu einer Aussprache nachmittags in die Schule kommen.

Ich war hocherfreut, dies meinen Alten erzählen zu dürfen. Sie machten ein riesiges Theater. Mit einem Märtyrerseufzen sagte meine Mutter, daß sie sich natürlich die Zeit vom Einkaufen absparen würde, um wieder einmal zur Schule zu gehen.

In der darauffolgenden Woche suchte sie mit mir die Englischlehrerin auf. Meine Mutter war eine auf gesellschaftlichen Aufstieg fixierte Frau mit der begrenzten Bildung ihrer proletarischen Erziehung. Für sie war es ein wichtiges Ereignis, in der Schule zu erscheinen und eine Lehrerin zu besuchen. Sie befleißigte sich dabei eines Sprachstils, den sie für den Stil der Mittelklasse hielt. Bevor sie jedoch die Lehrerin erfolgreich mit ihrer eigenen Kultiviertheit hätte beeindrucken können, unterbrach ich sie und sagte: »Ma, warum redest du immer so komisch, wenn du mit einem Lehrer sprichst?« Dies war eine meiner seltenen Gelegenheiten, sie zu beschämen.

Ich war einigermaßen erstaunt und gleichzeitig erfreut, als sich herausstellte, daß meine Herausforderung so empörend gewesen war, daß die Lehrerin keine andere Wahl zu haben schien, als sie widerwillig zu akzeptieren. Sie sagte zu meiner Mutter, ich solle das nie wieder tun, es würde mein Leben ruinieren. »Aber«, fuhr sie fort, »er ist ein so cleverer Junge. Und schließlich hat er es ganz offen getan, nicht so hinterlistig wie manch andere. Wir wollen ihm noch eine Chance geben. Er wird es sicher nie wieder tun.«

Natürlich tat ich es immer und immer wieder. Ich war schließlich kein Trottel. Schon bald lernte ich: je unverschämter mein Verhalten war, desto mehr konnte ich hoffen, damit durchzukommen. Anständige Leute waren einfach nicht darauf vorbereitet, mit Typen zurechtzukommen, die sich schamlos außerhalb des Systems bewegten, seine Regeln mit Verachtung bedachten und die Anständigen dazu noch wegen der Starrheit ihrer Prinzipien beschämen. Derartige Verhaltensweisen waren kennzeichnend für meine akademische und berufliche Karriere. Es ist einfach besser, hin und wieder unverschämt zu sein, als sich ständig beschämt zu fühlen.

Auch später zahlte sich dieses Verhalten oft für mich aus. So z.B. vor einigen Jahren, als ich als angestellter Psychologe in einer staatlichen psychiatrischen Klinik arbeitete. Ich hatte soeben mein Doktorexamen bestanden und schaute mich nach einer neuen und besseren Stelle um. Dabei unterzog ich mich in einem Nachbarstaat der Prüfung für den Posten eines Chefpsychologen im öffentlichen Dienst. Wie gewöhnlich schnitt ich bei der schriftlichen Prüfung recht gut ab.

Dann folgte die mündliche Prüfung. Ich wußte, dies war für mich eine erneute Konfrontation mit äußerer Autorität. Ich versuchte mir einzureden, ich könne die Sache ›cool‹ angehen. Mir war wirklich an einer besseren Stellung gelegen.

Der Tag der mündlichen Prüfung war gekommen. Es waren drei Prüfer anwesend, zwei beamtete Psychologen und ein Mitglied der psychologischen Fakultät der Universität. Sie prüften mich auf eine Weise, die mir sehr fragmentarisch und zufällig erschien. Es dauerte eine Weile, bis ich dahinterkam, wie sie arbeiteten. Wenn ich die richtige Antwort zu wissen schien, unterbrach mich jeweils ein anderer Prüfer, übernahm den Vorsitz und fuhr mit einem völlig anderen Thema fort. Eine Weile kam ich gut damit zurecht, ich war ›cool und schoß aus der Hüfte‹.

Dann wurde plötzlich das Fakultätsmitglied aktiv. Mit majestätischem Ton und sonorer Stimme sprach er zu mir: »Nun, Dr. Kopp, natürlich sind Sie auch mit Professor Paul Meehls neuestem Werk vertraut!«

Etwas zu schnell antwortete ich: »Nein, ich kenne es nicht.«

»Sie kennen nicht Professor Paul Meehls neuestes Werk? Wie ist das möglich?«
»Ich weiß es nicht, ich kenne es eben einfach nicht. Ich glaube, ich habe mich mit einer ganzen Reihe anderer Dinge beschäftigt. Wie lautet der Titel des gefragten Werkes?«
Er konnte es nicht fassen, was er da hörte. »*Klinische versus statistische Voraussage* ist ein Grundlagenwerk. Die psychologische Forschung wird sich in den nächsten zehn Jahren mit Professor Paul Meehls Beitrag beschäftigen. Und Sie wollen mir sagen, daß Sie es nicht gelesen haben und noch nicht einmal etwas von diesem bedeutenden Beitrag gehört haben?«
Ich wurde allmählich gereizt. »Nein, ich habe es nicht gelesen. Bis jetzt habe ich noch nicht einmal davon gehört, aber wenn Sie mir sagen, um welche Thematik es dabei geht, will ich gerne versuchen, mit Ihnen darüber zu diskutieren.«
»Sie wissen noch nicht einmal, über welche Themen Professor Paul Meehl all die Jahre geforscht hat?«
Das war zuviel. Ich wurde fürchterlich wütend. »Wissen Sie was? Jetzt reicht's mir! Ich bin nicht hierher gekommen, um mir Ihre Beschimpfungen anzuhören. Entweder sagen Sie mir jetzt, um welche Themen es sich handelt und fahren mit der Prüfung fort oder zur Hölle damit. Vielleicht setze ich diese ganze Sache hier in den Sand, aber ich habe keine Lust mehr, mir von Ihnen noch mehr Scheiße anhören zu müssen.«
Dem folgte ein schockiertes und verwirrtes Schweigen. Daran schloß sich ein Geflüster unter den drei Prüfern an. Einer der beiden Psychologen unterbrach es und sagte: »Nun, wir wollen jetzt mit etwas anderem fortfahren.«
Ich war erleichtert und dankbar. Einige Minuten beschäftigten wir uns dann noch mit anderen Themen. Ich kam gut damit zurecht, war jedoch davon überzeugt, daß ich jede Chance vertan hatte, in diesem Staate je eine Stelle zu finden.
Zu Hause erzählte ich meiner Frau, was geschehen war, wobei ich meinen Trotz damit rechtfertigte, daß es mir wichtig gewesen wäre, unter allen Umständen meine Integrität aufrechtzuerhalten, ganz gleich, ob ich die Stelle bekäme oder nicht. Ich müßte mir eben eine andere Stellen suchen.

In der folgenden Woche erhielt ich einen Anruf von meinem Vorgesetzten, dem Chefpsychologen der staatlichen Institution, in der ich zu jener Zeit arbeitete. Ungläubig fragte er: »Was um Himmels willen haben Sie in der mündlichen Staatsprüfung bloß angestellt?«

Meine Antwort: »Entschuldigen Sie, ich glaube, ich habe sie verpatzt. Ich bin einfach nicht in der Lage, mir allzuviel Scheiße von irgendjemandem anzuhören. Ich hoffe, ich habe Ihnen keine Probleme bereitet.«

»Probleme! Sie haben weder mir noch sich selbst irgendwelche Probleme bereitet. Einer der Prüfer rief mich heute morgen an, um mir zu sagen, daß alle sehr beeindruckt von Ihnen gewesen seien. Sie können jede freiwerdende Chefpsychologenstelle im ganzen Staate bekommen. Er hat mir keine Details erzählt, deshalb weiß ich nicht im geringsten, was Sie dort angestellt haben. Er sagte nur, daß man dort nach Chefpsychologen suche, die sich behaupten können. Ich schlage vor, wir treffen uns irgendwann nächste Woche zum Kaffee, und Sie erzählen mir die ganze Geschichte.«[3]

Für die resepektlos Hoffenden zahlt sich diese Haltung manchmal aus. Manchmal tut sie dies auch nicht. Meist gehe ich davon aus, daß man mir um so mehr gestattet, je unverschämter ich bin. Doch sind die damit verbundenen emotionalen Kosten immer hoch. Für diejenigen unter uns, die diesen übertriebenen anarchistischen Kampf mit der Autorität und mit den anderen Begrenzungen des Lebens ausleben, erscheinen Angst, Trauer und andere negative Gefühle in einem verschwommenen Licht.

In der orientalischen Literatur findet sich der kühne Rebell und Gesetzesbrecher in der Hauptfigur einer chinesischen Volkserzählung des 17. Jahrhunderts: *Monkeys Pilgerfahrt*[4].

Der comic-hafte Stil dieser äußerst populären Geschichte reicht vom unsinnigen Slapstick bis zur gelungenen Satire. Es ist die Geschichte einer Art religiöser Pilgerschaft mit heroischen Fehlschlägen und hartnäckigen Hoffnungen, die uns alle zu Affen machen.

Diese buddhistische Allegorie ist die imaginative Nacherzählung einer tatsächlichen Pilgerreise im 17. Jahrhundert. Die ursprüngliche Reise war die eines ›echten‹ Tripitaka, eines buddhistischen

Mönchs, der zu Lande nach Indien reiste, um eine riesige Sammlung heiliger Schriften zurückzubringen. In der Nacherzählung wird der Tripitaka von einem Affen-Beschützer begleitet, der über magische Kräfte verfügt.

Der Tripitaka repräsentiert den geläuterten menschlichen Geist. Monkey, der seine andere Seite verkörpert, ist zugleich respektlos hoffnungsvoll, rastlos ehrgeizig, spielerisch wild und frei. Begleitet von Pigsy, einem wollüstigen Vielfraß, und Sandy, einer zuverlässigen, ängstlichen und ziemlich farblosen Figur, stehen die Pilger gemeinsam einundachtzig schwierige Situationen durch. Monkey, der eine Prüfung nach der anderen durchlebt, zweifelt nie daran, daß er alle Hindernisse überwinden wird.

Als Steinaffe aus einem Steinei geboren, wurde er schon früh zum König aller Affen gewählt. Da er wünschte, alles verstehen zu können und all das zu tun, was ihm gefiele, studierte Monkey bei einem taoistischen Magier, der ihn geheime Kräfte lehrte. Diese umfaßten die Fähigkeit, sich in zweiundsiebzig Gestalten zu verwandeln, Unsterblichkeit zu erlangen und einen Purzelbaum zu schlagen, der ihn sechstausend Meilen weit befördern konnte. Es gab keine Autorität, die Monkey nicht in Frage stellte.

Wie gut ich diese Haltung kenne! Ich erinnere mich an einen solchen Vorfall, als die Amerikanische Akademie der Psychotherapeuten an einer Universität des Mittelwestens einen ihrer jährlichen Sommerworkshops abhielt. Um diese wundervolle Tagungsstätte benutzen zu dürfen, mußte der Leiter der A.A.P.-Konferenz einige Kompromisse mit der Fakultät aushandeln. Diese hatte darum gebeten, an unserem Treffen teilnehmen zu können. Aber diese Workshops sind derartig wilde, unkonventionelle Veranstaltungen, daß der Konferenzleiter diesen Plan wohlweislich vereitelte.

Er erreichte einen Kompromiß, indem er einwilligte, daß statt dessen einer der psychiatrischen Trainings-Analytiker zu den Workshopteilnehmern sprechen sollte. Der Redner war, das stellte sich bald heraus, ein verknöcherter, pedantischer, orthodoxer Psychoanalytiker.

Offensichtlich wußte er nicht, daß er zu einer Gruppe der talentiertesten und originellsten Außenseiter-Therapeuten des ganzen

Landes sprach. Zum Thema seiner Vorlesung hatte er die Gegenübertragung gewählt. Er laberte pausenlos über das Freud-Thema, daß der Therapeut in seiner Beziehung zum Patienten ungelöste, unbewußte Konflikte projiziert und ausagiert. Dieser Mann hatte lediglich zwei Lösungsmöglichkeiten anzubieten: erstens, wenn ein Problem auftauche, solle der Therapeut wieder zu seinem eigenen Analytiker gehen, um es zu lösen; und zweitens, jedem Gefühl, das der Therapeut seinem Patienten gegenüber hege, solle er mißtrauen, insbesondere, wenn es sich um ein Gefühl der Zuneigung handle.

Einige der Zuhörer schauten irritiert drein. Der Rest wirkte einfach nur verschlafen.

Als ich allmählich die Nase voll hatte, hob ich meine Hand. Der Redner verstand nicht, daß dies bedeutete, daß ich den Raum verlassen wollte. Statt dessen lächelte er gönnerhaft und sagte zu mir, er würde sich freuen, alle meine Fragen zu beantworten.

Ich erhob mich geräuschvoll. Die übrigen Zuhörer schauten mich teils mit einem Ausdruck der Freude über die in Aussicht stehende Unterbrechung des Geschehens an, waren teils aber auch darüber verärgert, daß ich die Sache nun möglicherweise auch noch in die Länge ziehen würde.

Meine Rede begann mit einer wohldosierten Mischung aus gezeigtem Interesse und höflicher Zurückhaltung: »Wir wollen sehen, ob ich dies richtig verstanden habe, Doktor. Alle persönlichen Gefühle, die ich meinen Patienten gegenüber habe, sind Relikte meiner eigenen unbewußten Konflikte, ist das richtig so?«

Er nickte beifällig.

Ich fuhr fort: »Und wir dürfen niemals naiv annehmen, daß persönliche Gefühle für einen Patienten echt und angemessen sind?«

»Ja, Ja. Genau so ist es!«

Ich wieder: »Dann bleibt nur noch eine Frage offen, Doktor. Beinhaltet all dieses Gerede über die Gefahren der Gegenübertragung, daß ich aufhören muß, mit meinen Patientinnen zu vögeln?«

Der Redner war schockiert, entsetzt. Die Versammlung löste sich auf.[5]

Wenn diese Art von unverschämter Respektlosigkeit funktioniert, kann sie viel Spaß bereiten oder einfach zu einer Plage werden, je nachdem, von welcher Seite man es sieht. Aus dem Blickwinkel meiner eigenen etwas einseitigen Imagination verspreche ich mir stets eine Menge Spaß davon. Aber auf lange Sicht erteilt das Leben unverschämt hoffenden Helden wie Monkey und mir selbst seine Lehren. Zunächst will ich von seiner Lektion berichten, später von meinen eigenen.

Als Monkey aufbrach, um die Herrschaft des Jade-Kaisers über die gesegneten Reiche des Himmels anzuzweifeln, fand er sich plötzlich auf der Handfläche von Buddhas rechter Hand wieder. Als er von Buddha über die Macht seiner Magie befragt wurde, prahlte Monkey arrogant, er sei bereit, den Himmelsthron zu erobern.

Um ihn Bescheidenheit zu lehren, wettete Buddha mit ihm, er könne nicht einmal aus seiner rechten Hand springen. Hätte Monkey Erfolg, so erhielte er als Belohnung den Thron des Jade-Kaisers. Versage er jedoch, so müsse er zur Erde zurückkehren, um eine sehr, sehr lange Buße abzuleisten.

Da dachte Monkey im stillen: »Dieser Buddha ist ein perfekter Narr. Seine Handfläche mißt nicht mehr als acht Zoll im Durchmesser. Ich aber kann mehr als sechstausend Meilen mit einem einzigen Purzelbaum bewältigen. Wie sollte es mir da nicht möglich sein, aus seiner Hand zu springen?«

Buddha streckte seine rechte Hand aus. Mit aller Kraft sprang Monkey ab. Er flog so weit und so schnell, daß er fast völlig verschwand, und er war sich sicher, daß er die Wette gewinnen würde. Schließlich landete er am Fuße von fünf rosaroten Bergen, die hoch in die Luft aufragten. Da er sicher war, am Ende der Welt angekommen zu sein, machte Monkey sich bereit, zu Buddha zurückzukehren und seinen Gewinn einzufordern. Ungewöhnlich vorsichtig beschloß er, es sei besser, wenn er irgend ein Zeichen hinterlasse, als Beweis dafür, daß er wirklich so weit gesprungen sei.

Um das Gebiet zu markieren, kletterte Monkey auf alle Berge und urinierte auf jedem Gipfel. Als er zu Buddha zurückkehrte, prahlte er, er sei bis ans Ende der Welt gekommen. Um seine Behauptung zu beweisen, schlug er dem Erleuchteten vor, er solle

die Beweise überprüfen, die er auf den fünf Berggipfeln hinterlassen habe.
Lächelnd öffnete Buddha seine rechte Hand. Auf jeder Fingerspitze befand sich ein winziges gelbes Urintröpfchen.

10. Hilflos heroisch

Obgleich meine unverschämt hoffende Imagination mich in manche Schwierigkeiten bringt, glaube ich, daß ich ihr auch weiterhin zeitweilig nachgeben werde. Ich war als Kind so oft beschämt worden, daß die ohnehin schon schmerzhafte Last meiner angeborenen Scheu für mich kaum zu ertragen war. Es wäre nur wenig von meiner Vitalität erhalten geblieben, wenn ich es nicht gelernt hätte, meine Angst vor weiterer Kränkung hinter einer vorgetäuschten respektlosen Haltung zu verbergen. Mein Unvermögen, die Erwartungen anderer zu erfüllen, erschien diesen als Nonkonformität eines tollkühnen Exzentrikers.

Um als Kind und als junger Mann meine Scham und Wertlosigkeit vor mir selbst zu verbergen, entwickelte ich den falschen Stolz eines Perfektionisten. Ich mußte weitere Mißerfolge und Fehler vermeiden. In der Hoffnung, meinen Problemen entfliehen zu können, mußte ich die Fähigkeit entwickeln, mein Image zu verändern. Ich machte mich auf, ein ›Jemand‹ zu werden.

Ich wollte nicht mehr der ungeschickte Versager sein, der zu ängstlich war, Parties zu besuchen, weil er nie wußte, wie er es anstellen sollte, Freunde zu gewinnen. Statt dessen wurde ich ein ›hochkarätiger‹ Intellektueller, der über den Dingen des banalen Alltags stand.

Selbst eine solch ausgezeichnete Panzerung reichte jedoch nicht aus. Im Innern wußte ich, daß ich verdammt einsam war. Ich brauchte es, gebraucht zu werden. Unterwürfig zu handeln oder gar »nett zu sein«, war eine undenkbare Lösung. Statt dessen begann ich, mich als fähig anzupreisen, stets dort einzuspringen, wo eine Aufgabe anderen undankbar erschien. Mehr noch, man konnte darauf zählen, daß ich jede Aufgabe übernahm, die normale Sterbliche als zu erdrückend ansahen. Zumindest war es nicht unehrenhaft, bei unlösbaren Aufgaben zu versagen.

Während der ersten Jahre meiner Therapeutenkarriere arbeitete ich in total veralteten Bewahrungsanstalten, in staatlichen Institutionen für Geisteskranke und in Gefängnissen. Obgleich diese Institutionen dafür geschaffen wurden, sich um gesellschaftliche Abweichler zu kümmern und sie zu rehabilitieren, erwiesen sie sich als Supermärkte der Bestrafung und der Ausgrenzung. Ich betrachtete mich als Fürsprecher der Unterdrückten. Hartnäckig und erfolglos kämpfte ich gegen die Verwaltungsmacht, in der Hoffnung, ordentliche Hilfe, wirksame Behandlung und schließlich die Entlassung der Anstaltsinsassen bewirken zu können.

Nachdem ich meine Vertragszeit abgeleistet hatte, kehrte ich wieder in die Gesellschaft zurück. Ich nahm eine Stelle als Anstaltspsychologe in der Klinik für erwachsene Geisteskranke des Distrikts Columbia an. Die gesamte Atmosphäre war hier stärker von Anteilnahme geprägt, also mehr nach meinem Geschmack. Das bedeutete jedoch nicht, daß die Patienten immer mit dem nötigen Respekt behandelt wurden. Allzu oft war das Behandlungprogramm dazu angetan, die sozialen Proteste der Armen zu beruhigen, indem es ihre Leiden auf individuelle oder familiäre Probleme reduzierte. Immerhin kamen die meisten der Patienten aus eigenem Antrieb zur Behandlung. Sie suchten Hilfe, um ihr subjektives Wohlbefinden zu verbessern, und auch um Hilfe beim Lösen ihrer Probleme im Umgang mit anderen zu finden. Diese Gemeindeeinrichtung war freiheitlicher eingestellt als die staatlichen Institutionen. Es gab mehr Möglichkeiten für eine Zusammenarbeit zwischen den Helfern und den Patienten.

Doch jetzt hatte ich ein neues Problem. Es gab keine bösen Eltern mehr, gegen die ich hätte kämpfen können. Wie sollte ich nur in dieser wohlwollenden Situation meine heroisch hoffnungsvolle Rolle definieren? Es wurde kein Fürsprecher der Unterdrückten gebraucht. Wie konnte ich dann aber die durch meine Familie geprägte Haltung überwinden, daß ich ein unzulängliches menschliches Wesen sei, eine Enttäuschung, ein Versager, der sich über sich selbst schämen sollte?

Ich wählte eine Rolle, die mir durch die unmöglichsten Engpässe meiner Kindheit geholfen hatte. Ich machte in meiner Familie stets dann erfolgreiche Erfahrungen, wenn ich mir die Aufgaben suchte, die niemand anders übernehmen wollte. Das tat ich auch jetzt wieder.

Ich beschloß, eine Arbeitsbibliothek für die Mitarbeiter aufzubauen. Während meiner ersten Rundgänge durch die Klinik hatte ich im Keller verstaubte Kartons mit Fachliteratur gefunden. Ich berichtete der Chefärztin von meinem Plan. Sie war hocherfreut, ermunterte mich und versprach, meine Bemühungen zu unterstützen. Unter Mithilfe der Kliniksekretärin, die früher hatte Bibliothekarin werden wollen, entstaubte ich die Kartons, packte die Bücher aus und sah nun allmählich, womit ich arbeiten konnte. Bei der zentralen Beschaffungsstelle besorgte ich ein paar Bücherregale, und aus dem ungenutzten Fonds für Weiterbildung des Zentralbüros konnte ich viele neue Bücher anschaffen. Innerhalb weniger Wochen war aus dem zuvor gemiedenen Kellerraum ein Gemeinschaftstreffpunkt für Lektüre und Forschung, Kaffee und Konversation geworden. Das Personal war begeistert und ich auch.

Meine nächste selbstgestellte Aufgabe war stärker neurotisch geprägt und auch stärker von der Möglichkeit des Versagens belastet. Ich programmierte dieses Fiasko, indem ich auf einer Personalsitzung erklärte, ich sei bereit, die Patienten von der Warteliste zu übernehmen, die die anderen Mitglieder des Teams ausdrücklich nicht behandeln wollten. Ich gab (auch mir selbst gegenüber) vor, dies täte ich nur, weil alle anderen überlastet seien und ich selbst viel freie Zeit zur Verfügung hätte. Insgeheim hielt ich mich für einen besseren Therapeuten als die anderen im Team, der mit allem, fast allem zurechtkam. Natürlich blieb es mein Geheimnis, daß dies für mich eine Methode war, mit meiner eigenen Unvollkommenheit fertigzuwerden. Dies war mein Versuch, als wertvoll angesehen zu werden. Sollten die übrigen Mitarbeiter des Teams meine wahren Beweggründe erkannt haben, so ließen sie es mich zumindest nicht merken.

Unter den Patienten, die ich annahm, waren einige »Fälle mit guter Prognose«. Es zeigte sich, daß sie *nicht* Menschen waren, mit denen man »unmöglich zurechtkommen konnte«. In einigen Fällen war die Arbeit mit ihnen eine wertvolle kreative Erfahrung, sowohl für den Patienten als auch für mich.

Andere Fälle waren jedoch so schwierig zu behandeln, daß ich mit der Zeit die Abneigung meiner Kollegen zu verstehen lernte, diese »hoffnungslosen Fälle« zu übernehmen. Meinen ersten Fall bekam ich auf eine Anfrage der Verwaltung, wann denn, zum Teufel, *endlich* jemand einen bestimmten äußerst problematischen Patienten übernehmen könnte.[1]

Es handelte sich um einen ziemlich verwirrten schizophrenen Mann. Er griff jeden an, der ihm über den Weg lief: den Pförtner der Klinik, den Sozialarbeiter, der die Aufnahme vorbereitete, den Psychiater, der die verwaltungstechnischen Entscheidungen traf.

Ich verabredete einen ersten Termin, um die Arbeit mit ihm zu beginnen. Zur anberaumten Zeit ging ich hinunter ins Wartezimmer, um den Patienten zu begrüßen und ihn in mein Büro zu bringen. Gewöhnlich gebe ich einem neuen Patienten nicht die Hand, es sei denn, irgendetwas weist darauf hin, daß dieser es so gewöhnt ist.

Als ich in den Warteraum kam, stand der Patient umständlich auf und jonglierte einen Stapel Bücher auf seinen Armen, als wolle er eine Hand frei machen, um sie mir zum Gruß zu reichen. Ich streckte also als Reaktion darauf auch die meine aus. Nachdem ich mich vorgestellt hatte, bat ich ihn, mir in meine Praxis zu folgen. Kaum hatte er sich hingesetzt, fing er schon mit seiner Attacke an. Seine Eröffnung war: »Wie lange sind Sie eigentlich schon Therapeut? Wissen Sie denn nicht, daß Patienten mit einer Phobie es nicht leiden können, berührt zu werden? Obgleich Sie wußten, daß ich zu nachgiebig bin, um dies zurückzuweisen, bestanden Sie darauf, mir die Hand zu drücken. Das konnte mich nur ängstigen. Daß Sie mich derartigen Anforderungen aussetzen!«

Von diesem Zeitpunkt an war die Sache gelaufen. Ein wichtiger Punkt war, daß er Grundbesitz im Werte von mehreren hunderttausend Dollar besaß. Deshalb konnte er nicht umsonst behandelt werden. Jedoch erklärte er mir genauestens, daß er kein Geld ausgeben könne, da er ein »Masochist« sei. Er stehe unter dem »Zwang«, es wieder in Grundbesitz anlegen zu müssen. Deshalb habe er eben kein Bargeld. Es sei meine Pflicht, für seine Aufnahme in die Klinik zu sorgen.

Seinen Masochismus bewies er mir mit der Schilderung, er schliefe im Keller eines der Häuser, die ihm gehörten. Jede Nacht verbrächte er mit seinem einzigen Freund, seinem Hund, im gleichen Bett. Wenn er während der Nacht aufwachte und eigentlich zur Toilette wollte, müßte er die Stunden bis zum Morgengrauen durchstehen, damit er den Hund nicht störte. Seine Freundschaftsgefühle für den Hund wirkten glaubhaft, da er ihn regelmäßig zur Behandlung mitbrachte. Wenn ich ihm mit einer Interpretation kam, die ihm nicht paßte, blickte er mich finster an, bückte sich und streichelte den Hund. Er wollte mir damit zeigen, daß der Hund ihn wesentlich besser verstünde als ich.

Nach einer Weile hatte ich den Eindruck gewonnen, daß ich nichts tun konnte, um diesem Manne zu helfen. Wir hatten einen betrügerischen nichttherapeutischen Vertrag, in dem meine einzige Funktion darin bestand, unangenehme Wortwechsel auszuhalten, während derer er verbal auf mich einzudreschen pflegte. Meine nie versiegende Hoffnung, ich sei in der Lage, alles in den Griff zu bekommen, schloß für mich die Möglichkeit aus, ihn mit seinem sadistischen Verhalten zu konfrontieren.

Nach vielen furchtbaren Sitzungen hielt ich es schließlich nicht mehr aus. Eins war klar: wenn ich seine »masochistische« Rechtfertigung akzeptierte, daß er seinen Besitz nicht darauf verwenden könne, eine Behandlung zu bezahlen, machte ich mich zum Komplizen seiner Pathologie. Er hätte sich privater Hilfe bedienen können. Die Klinik wurde für diejenigen benötigt, die sich andere Hilfsdienste nicht leisten konnten. Diese Herausforderung führte dazu, daß er mich anschrie und mir Rache drohte. Dennoch blieb ich bei meiner Haltung und beendete die Behandlung mit dem Angebot, ihn an Therapeuten in einer privaten Praxis zu überweisen, mit denen er eine ehrliche therapeutische Beziehung beginnen könne, eine, die ihm vielleicht wirklich helfen würde.

Er drohte damit, Selbstmord zu begehen. Er versprach, Kopien seiner Selbstmordankündigung an Zeitungen in Washington und an die *New York Times* zu senden. Wenn sie veröffentlicht würden, könnte jeder von der Unzulänglichkeit des Gesundheitsdienstes für geistig Kranke im Distrikt Columbia und von meiner eigenen sträflichen Nachlässigkeit Kenntnis erhalten.

Er beging nicht Selbstmord und schickte auch keine Briefe an die

Zeitungen. Statt dessen begab er sich zur sowjetischen Botschaft. Dort bat er um Asyl in Rußland. Sicherlich würde er im sozialistischen Gesundheitswesen bessere Behandlung erfahren als es in der barbarischen demokratischen Psychiatrie der amerikanischen Bundeshauptstadt der Fall gewesen war.
Ich wußte von all dem nichts, bis ich einen dringenden Anruf vom Anwalt des Distriktkomitees des Amerikanischen Repräsentantenhauses erhielt. Mein Patient hatte diesen Mann davon überzeugt, daß er etwas tun müsse, um eine »potentiell explosive internationale Krise« zu verhindern.
Der Kongreßvertreter war sehr aufgebracht. Er wollte mir an den Kragen. *Er* wollte sich unter keinen Umständen die Sache aus der Hand nehmen lassen. Er warnte mich, er würde alles unternehen, um diese Situation zu klären.
Während ich ihm zuhörte, merkte ich, daß er mir ziemlich ähnlich war. Ich sagte ihm, wir seien beide Menschen, die solche Aufgaben auf sich nähmen, die niemand sonst zu übernehmen bereit sei. Er schwieg einen Moment und stimmte mir dann zu.
Ich beschrieb mein eigenes Erlebnis und erklärte, der Patient sei verrückt und mache viel Lärm um nichts. Wegen unserer Eigenheit, jede Herausforderung anzunehmen, wären wir seinen unrealistischen Ausbrüchen gegenüber verletzbar, ganz gleich wie verrückt sie auch seien. Zum Glück reichte meine Interpretation aus, um den Kongreßberater zu beruhigen. Er war glücklich, daß wir einander aus den Schwierigkeiten geholfen hatten.
Eine andere Patientin, die ich früh in meiner Karriere als Klinik-Retter annahm, wollten meine Kollegen nicht behandeln. Sie war eine chronisch psychotische Frau, die ständig jammerte und tobte und darauf bestand, daß man sich um sie kümmere. Ihr Leben war nicht einfach, sie war wirklich unglücklich, jedoch verschloß sie sich der Erkenntnis, daß sie selbst zu ihrer mißlichen Lage beitrug. Da ich ein ähnliches Problem hatte, nahm ich sie als Patientin an. Viele Monate lang standen wir eine Menge explosive traumatische Sitzungen durch. Sie schrie, stöhnte und brüllte so laut, daß sie in der ganzen Klinik zu hören war. Als ob meine bloße Gegenwart sie heilen würde, hörte ich ihr zu und sympathisierte mit ihr. Mehr noch, ihre ausgedehnten Weinanfälle wurden unterbrochen durch

Ausbrüche wilder Wut darüber, daß ich nicht das Geringste tat, um ihr zu helfen. Ich ließ sie Schmerz und Wut herausschreien, so als ob ich alle Verzweiflung eines anderen Menschen aufnehmen könnte, um sein Wohlbefinden wiederherzustellen.

Nachdem dieser Zirkus etwa ein Jahr lang gedauert hatte, offenbarte sie mir ihr »Geheimnis«. Während der ganzen Zeit war sie immer am Donnerstag nachmittag zu mir gekommen. Jetzt beichtete sie mir, daß sie jeweils Montag morgens bei einem anderen Therapeuten gewesen war.

Ich glaube, dieser Mann muß noch ein wenig verrückter gewesen sein als ich. Ich war ja nur auf die Maskerade hereingefallen. Er hingegen wußte während der ganzen Zeit von der doppelten Behandlung. Ich fühlte mich wie ein Idiot.

Jetzt hätte ich meine eigene Verletztheit zeigen und mich mit meinem Anteil an dem Zustandekommen der absurden Lage auseinandersetzen können. Statt dessen nahm ich eine Kriegerpose ein und gab der Patientin eine einzige Woche Bedenkzeit, um zu entscheiden, wen sie von uns aufgeben wolle. Sie könne die Arbeit mit mir nur dann fortsetzen, wenn sie den anderen Therapeuten nicht mehr aufsuchen würde. Andernfalls müßte ich die Behandlung abbrechen.

Ich glaube, genau das wollte sie damals erreichen. Da sie der Meinung war, daß ich ihr nicht helfen konnte, bestand sie darauf, weiterhin mit zwei Therapeuten zu arbeiten. So machte ich mich zum Narren, indem ich *sie* zurückwies, obwohl meine eigenen Bemühungen ungenügend gewesen waren.

Schon bald ersetzte ich diese unmögliche Patientin durch eine andere Person. In den Unterlagen wurde diese neue Herausforderung als Borderline-Psychotikerin, Alkoholikerin und aggressive Frau beschrieben, die sexuelle Schwierigkeiten habe und in der Vergangenheit verschiedene erfolglose psychotherapeutische Behandlungen gehabt hätte. Als ich in den Warteraum ging, um sie zur ersten Sitzung hereinzubitten, wirkte sie auf mich wie eine schwache, furchtsame Kindfrau und nicht wie eine vom Leben abgehärmte Zweiunddreißigjährige.

Sie folgte mir ruhig ins Büro. Ich setzte mich auf meinen Stuhl und deutete ihr an, wo sie sich hinsetzen könne. Statt dessen stand sie

im Türrahmen und erwachte plötzlich mit unerwarteter Intensität zum Leben. Während sie anklagend auf mein rotes Hemd deutete, explodierte sie plötzlich: »Aha, so läuft das also. Der gute alte Farbsymboltest. Ein männlicher Therapeut mit einem roten Hemd, und jetzt soll ich Ihnen wohl erzählen, daß ich manchmal homosexuell bin, und daß Sie es wahrscheinlich ebenfalls sind!«
Sie fuhr fort, zusammenhanglos zu phantasieren, ohne ein Ende zu finden. Ich fühlte mich erschlagen. Es schien mir, als ob unsere einzige Hoffnung darin bestünde, sie zu unterbrechen und unsere Situation neu zu definieren. Ohne Gehässigkeit in der Stimme unterbrach ich sie bestimmt und sagte: »Hören Sie doch mal für eine Minute auf und setzen sich hin; ich besorge Ihnen erst mal eine Tasse Kaffee.«
Dies entspannte sie tatsächlich für einige Minuten. Wir begannen, auf eine normalere Art miteinander zu reden. Nachdem sie ihr bisheriges Leben beschrieben hatte, sprach sie über ihre gegenwärtige Krise, die sie dazu bewegt hatte, erneut Hilfe in der Therapie zu suchen.
Am Ende der Sitzung schien sie beruhigt zu sein, daß unsere Beziehung ihre destruktive Aggressivität auszuhalten vermochte. Kein Therapeut hatte je so effektiv mit ihr umzugehen vermocht. Als ich gerade anfing, mich bezüglich ihrer Reaktion auf meine einleitende Arbeit wohlzufühlen, beendete sie die Sitzung mit den Worten: »Sie sind der Therapeut, nach dem ich mein ganzes Leben lang gesucht habe. Ich werde Sie *nie, nie wieder* verlassen. Ich weiß, daß Sie akzeptieren werden, was immer ich tue, ohne daß Sie mir je das Gefühl geben werden, daß Sie mich hinauswerfen wollen.«
Meine Erleichterung und mein Wohlgefühl waren im gleichen Augenblick wie weggeblasen. Es war mir, als habe ich soeben einen lebenslangen Vertrag mit einem Albatros geschlossen.
Die Arbeit nahm ihren Fortgang. Manchmal benahm sie sich wie eine Verrückte. Ich tat weiterhin so, als könnte ich alles verkraften, was sie mir zumutete.
Unsere reguläre Sitzung lag in der Mittagszeit während ihrer Arbeitspause. Eines Tages brachte sie eine kleine Tüte gesalzener Erdnüsse mit und erklärte, es sei sehr wichtig für sie, zur Therapie

zu kommen, auch wenn sie dann ihr Mittagessen versäume. Wenn es mir nichts ausmachte, daß sie etwas zu sich nähme, würde sie an der Therapie-Sitzung teilnehmen, ohne unnötig durch Hunger abgelenkt zu sein. Natürlich akzeptierte ich ihr Anliegen, auch, weil ich glaubte, ich müßte jede ihrer seltenen normalen, praktischen Handlungen und Bemerkungen unterstützen.

In der darauffolgenden Woche brachte sie *zwei* Tüten mit gesalzenen Erdnüssen mit. Sie gab mir die eine und erklärte, sie fühle sich nicht wohl, wenn sie so unhöflich sei, zu dieser Zeit zu essen, wenn ich es nicht ebenfalls könnte.

Wieder versäumte ich es, der von mir geforderten Arbeit durch Errichten einer therapeutischen Barriere nachzukommen, indem ich jedes angebotene Verhaltensfragment in die Analyse einbezog. Ich akzeptierte ihre Geste als individuellen Ausdruck, der therapeutisch gesehen darauf zielte, Unterstützung zu erhalten. Ich dankte ihr, aber anstatt die Erdnüsse zu essen, legte ich sie auf meinen Tisch. Diese Vorsichtsmaßnahme konnte sie jedoch nicht von weiteren Aktionen abbringen.

In der nächsten Sitzung brachte sie zusätzlich noch zwei riesige Dosen kaltes Bier mit. Sie ignorierte, daß ich beim letzten Mal gar nichts gegessen hatte, und meinte, es bestünde kein Grund, gesalzene Erdnüsse ohne Getränk zu essen.

Jetzt fühlte ich mich allmählich etwas unbehaglich und fragte mich, was zum Teufel ihr wohl beim nächsten Mal einfallen würde. Ich erkannte nun meinen ursprünglichen Irrtum, sie nicht gefragt zu haben, warum sie die Erdnüsse mitgebracht habe. Da ich diesen Fehler nun einmal gemacht hatte, war ich versucht, ihn zu kaschieren, indem ich das Bier annahm und mir selbst vormachte, daß dies wohl das Ende der Geschichte sein würde.

Ich sagte zu ihr: »Ich glaube, es war ein Fehler, daß ich nicht untersuchte, warum Sie das erste Mal Erdnüsse mitbrachten. Mir wird allmählich unbehaglich, wohin das alles führen soll. Statt das Bier zu trinken, wollen wir lieber gemeinsam überlegen, was Ihre Aktion bedeuten kann.«

Das wollte sie auf keinen Fall zulassen. Ich sei genau so mißtrauisch wie all die anderen Kopfklempner. Ich würde jede Bewegung, die sie mache, in Frage stellen. Sie sei auch so schon verrückt

genug. Sie würde sich niemals gefallen lassen, all dies auf einen geheimen Sinn hin zu untersuchen.
Ich wies sie darauf hin, daß es nur als Einladung zu verstehen sei, wenn ich ihre Aufmerksamkeit auf eine versteckte Bedeutung zu lenken versuche. Sie könne das akzeptieren oder nicht. Was mich anbeträfe, so würde ich das Bier nicht akzeptieren. Wie sähe sie es denn?
Das sei für sie schon in Ordnung. Ich sei einfach zu blöde oder zu engstirnig, um ein Bier von einer Patientin anzunehmen. Es sei heiß, und die Erdnüsse hätten sie durstig gemacht. Sie würde, verdammt noch mal, natürlich ihr Bier trinken.
Jetzt war ich aus dem Gleichgewicht gebracht, aber ich wußte nun, in welche Richtung ich gehen mußte. Alkoholische Getränke waren in der Klinik nicht erlaubt. Wenn sie das Bier hier in meinem Büro öffnete, so wäre dies das Ende ihrer Behandlung. Wie in der ersten Sitzung, als ich ihr Grenzen gesetzt hatte, schien sie auch diesmal eher erleichtert als aufgebracht.
Nach dem Ende jener Stunde war auch ich erleichtert. Ohne es mit dieser Interaktion zu verbinden, erzählte sie mir eine lange Geschichte – einen Vorfall aus der unmittelbaren Vergangenheit, der klar damit zusammenhing, daß sie an jenem Tag das Bier mit zur Sitzung gebracht hatte. Sie war beim Zahnarzt gewesen, um sich einen Zahn ziehen zu lassen. Der Zahnarzt wußte, daß sie auf die üblichen Betäubungsmittel schlecht reagierte, also holte er eine Flasche Whiskey und bestand darauf, daß sie ein paar kräftige Schlucke nähme, um sie so auf die Behandlung vorzubereiten.
Sie berichtete, daß ihr das nicht leichtgefallen sei. Dennoch habe sie sich dazu ermutigen lassen, einige Gläser zu trinken. Sie behauptete, schon bald so betrunken gewesen zu sein, daß sie seinem Ansinnen nicht hätte widerstehen können, eine Fellatio auszuführen.
Dahin wollte sie die Sache also treiben. Ich war froh, daß ich meine anfänglichen Irrtümer erkannt und zugegeben hatte. Sonst säßen wir uns sicherlich später in einer wesentlich komplizierteren Situation gegenüber, in der sie ihrer Phantasie freien Lauf gelassen hätte, mich anzuklagen, daß ich sie zu einer von ihr nicht gewollten sexuellen Handlung verleitet hätte.

Grenzen zu setzen funktioniert allerdings nicht immer. Ich erinnere mich an einen Vorfall, der sich einige Jahre zuvor ereignete, als ich in meiner Funktion als Psychologe in einem Zentrum für seelische Krankheiten in der Armee diente. Eine Angestellte war zur Behandlung ihres fünfjährigen Sohnes erschienen, von dem sie behauptete, er hätte noch nicht sprechen gelernt.

Ich sah ihn eindeutig als intelligentes Kind von emotional gestörten Eltern an. Der Sozialarbeiter des Teams stimmte mit mir überein, daß die Hauptursache für die Sprachschwierigkeiten des Kindes in seiner Interaktion mit der Mutter zu sehen wäre. Sie gab ihm in jedem Punkt nach, setzte ihm keine Grenzen und stellte keine Anforderungen. Das Kind brauchte nur so zu schauen, als wolle es etwas. Anstatt ihm eine Chance zu geben, zu sagen, was es wollte, schickte sich die Mutter eilends an, Vorschläge zu machen, wie: »Willst du etwas trinken? Möchtest du Ball spielen?« Das Kind brauchte nur mit dem Kopf zu nicken, um anzuzeigen, was es wollte. Es brauchte einfach nie zu sprechen.

Der Sozialarbeiter nahm die Mutter in die Behandlung. Zur selben Zeit behandelte ich das Kind. Vielleicht würde es uns gelingen, sie voneinander zu lösen. Wenn ich das Kind ermutigen könnte, zu sagen, was es wollte, wäre es der Mutter vielleicht möglich, sich auf ihre eigenen persönlichen und ehelichen Probleme zu konzentrieren.

Alle Mitglieder des therapeutischen Teams hatten Büros, die an einer gemeinsamen Eingangshalle lagen. Der Junge sträubte sich, als seine Mutter mit dem Sozialarbeiter fortgehen sollte. Und auch die Mutter widersetzte sich. Aber der Sozialarbeiter und ich bestanden darauf.

Um die Sitzung irgendwie zu beginnen, versuchte ich, den Jungen in ein nonverbales Spiel zu verwickeln. Sehr bald sagte er sein erstes Wort zu mir. Es war ein lautes und klares »Nein!« Immer und immer wieder rannte er während dieser ersten Sitzung aus meinem Büro. Er eilte durch die Halle und ins Büro des Sozialarbeiters, wo er wirkungsvoll die Unterhaltung der Mutter mit ihrem eigenen Therapeuten störte.

Ich merkte, daß dies zu nichts führen würde. Dann kam mir ein Einfall. Vor der nächsten Sitzung besorgte ich mir ein Schloß für

die Innenseite meiner Bürotür. Das würde es mir ermöglichen, selber festzulegen, wie lange der Junge bei mir im Raum bliebe. Als er zum nächsten Termin kam, erklärte ich ihm dies. Weil ich ihm keine Angst machen wollte, zeigte ich ihm, wie das Schloß zu betätigen wäre.
Ich verschloß die Tür, und wir begannen mit der Therapie. Er schien meine Leitung zu akzeptieren. Ich hatte das Gefühl, daß ein Erfolg in Sicht war. Nach wenigen Minuten verlor er jedoch das Interesse an unserem Haus aus Bauklötzen. Er sprang auf, schloß die Tür auf und öffnete sie. Er nahm eines der Klötzchen und warf es in die Halle.
Ich interpretierte dies als sein Bedürfnis, herauszufinden, wie weit er mit mir gehen, wieviel er sich ungestraft herausnehmen könnte. Als ich in die Halle hinausging, um das Klötzchen aufzuheben, warf er die Tür hinter mir zu und schloß mich aus.
Da stand ich nun, ein wehrdienstpflichtiger Psychologe im Feldwebelrang, der sich bei einem hilflos in die Enge getriebenen Fünfjährigen in grenzensetzender Therapie versuchte. Und dabei war ich mir doch sicher gewesen, alles bewältigen zu können! Ich mußte selbst die Halle durchqueren, die Sitzung des Sozialarbeiter-Leutnants mit der Mutter des Kindes unterbrechen und den beiden sagen, daß der kleine Bengel mich aus meinem eigenen Büro ausgesperrt habe.
Wieder einmal hatte das übertriebene Beharren auf meinen Hoffnungen und das hartnäckige Leugnen meiner untergründigen Ängste zu einem unerwarteten Fehlschlag geführt. Wir alle versuchen, das scheinbar sinnlose Leiden des Lebens zu verstehen. Die Menschen haben schon immer nach Möglichkeiten gesucht, ihre Hilflosigkeit zu überwinden. Lange bevor Buddha erleuchtet oder Christus gekreuzigt wurde und auferstand, kämpften schon einfache Männer und Frauen darum, sich vom Rad des Kummers zu befreien, um für immer dieses Tal der Tränen zu verlassen.
In Indien erzählt man sich noch heute sehr, sehr alte Geschichten von einem Hinduheiligen namens Narada[2], der sein Leben der Erlangung der spirituellen Befreiung im Nirvana widmete. Gebunden an das sich langsam drehende Rad der weltlichen Existenz, des Samsara, war er schon zu lange gefangen im nie

endenden Kreislauf von Geburt, Leben, Tod und Wiedergeburt. Er wollte sich von der Bindung an *Maya* befreien, jener Illusion, die das Leben bestimmt, so daß er endlich von der Bürde der alltäglichen Existenz befreit werde.

Narada hatte auf der Suche nach dem Nirvana die spirituelle Disziplin liebender Hingebung als Weg gewählt. Er stellte sich eine schwierige Aufgabe, aber es gibt keinen leichten Weg zum Nirvana. Um zur Vereinigung mit Gott zu gelangen, lebte Narada einfach und einsam auf einem Berggipfel, wo er sich der ununterbrochenen Meditation über das Göttliche Wesen hingeben konnte. Nach Jahren strengster und ehrfurchtsvoller Besinnung hatte der Heilige einen solch hohen Grad der spirituellen Befreiung erreicht, daß er die liebevolle Aufmerksamkeit einer der drei Erscheinungen des Herrn des Alls auf sich zog.

Und so geschah es, daß eines Tages in jener abgelegenen und kargen Einsiedelei vor den Augen dieses hingebungsvollen alten Mannes das Objekt seiner Hingabe erschien: Vishnu, der Bewahrer und Erhalter des Universums. Hocherfreut darüber, daß Narada seine vielen Gelübde erfüllt hatte, sagte Vishnu zu ihm: »Ich bin gekommen, um dir eine Gefälligkeit zu erweisen. Erbitte von mir, was immer du wünschst, und es wird dein sein.«

Überglücklich antwortete Narada: »O Herr, wenn du solchen Gefallen an mir findest, dann möchte ich dich um eine Gunst bitten. Ich möchte, daß du mir das Geheimnis der Macht der Maya erklärst, der Illusion, durch die du die Beschaffenheit des Universums gleichzeitig enthüllst und verbirgst.«

Vishnu antworte daraufhin ernster: »Guter Narada, schon andere Heilige wollten vor dir die gleiche Bitte erfüllt haben. Glaube mir, dabei ist noch nie etwas Gutes herausgekommen. Was würdest du überhaupt tun, wenn du meine Maya verstündest? Warum bittest du nicht um etwas anderes? Du kannst alles bekommen, was du willst.«

Aber Narada bestand darauf, die Macht der Maya kennenzulernen, damit er ein für alle Mal begriffe, wie die Bindung an Illusionen unnötiges Leiden schafft.

»Also gut«, antwortete Vishnu. »Wie du willst.« Ein vielsagendes Lächeln umspielte seine wunderschön geschwungenen Lippen.

»Komme mit mir an den Ort, wo du die Macht der Maya kennenlernen wirst.«
Zusammen verließen sie die angenehme Kühle der schützenden Einsiedlerbehausung, stiegen den abschüssigen, bewaldeten Hang hinab und hatten schon bald das Tal verlassen. In der gnadenlos sengenden Sonne führte Vishnu Narada durch eine unfruchtbare Wüstenregion. Es dauerte viele Stunden, ehe sie einen schattigen Platz erreicht hatten. Vishnu streckte sich an einem kühlen Fleck im Sand aus und sagte: »Hier wirst du die Macht der Maya kennenlernen.«
Narada wollte sich gerade zu Füßen des Herrn niedersetzen, als Vishnu ihn anwies und sagte: »Ich bin so durstig. Bevor wir anfangen, möchte ich, daß du diese Schale nimmst und mir etwas kühles Wasser holst.«
Immer bereit, seinem Meister zu dienen, nahm Narada die leere Schale und ging auf der Suche nach Wasser über eine Anhöhe hinweg. Auf einmal sah der Heilige ein fruchtbares Tal. Am nahen Rand der üppig bebauten Felder befand sich im Schatten der Bäume eine kleine Hütte. Daneben war eine Quelle. Erfreut über sein Glück, klopfte Narada an die Tür der Hütte, um Erlaubnis zu erbitten, seine Schale an der Quelle füllen zu dürfen.
Die Tür wurde von einem Mädchen geöffnet: das war so wunderschön, daß der alte Mann sogleich wie verzaubert war. Verloren stand er da und war zu verwirrt, um sich daran zu erinnern, weshalb er eigentlich zu der Hütte gekommen war.
Aber was machte das schon. Auch sie schien von ihm hingerissen zu sein. Die junge Frau bat ihn herein und dies mit einer Stimme, die so unwiderstehlich war, daß er die Einladung nicht zurückweisen konnte. Sie machte ihn mit dem Rest der Familie bekannt und bestand darauf, daß er zum Essen bliebe. Obwohl er gerade erst als völlig Fremder angekommen war, hatte Narada schon bald das Gefühl, im Hause guter und vertrauter Freunde zu sein. Er blieb bei ihnen, da ein angenehmer Tag auf den anderen folgte. So verliebten sich der Heilige und das Mädchen ineinander und heirateten nach kurzer Zeit.
Elf Jahre vergingen. Als der Vater seiner Frau starb, übernahm Narada den Hof. In jedem Jahr war die Ernte größer. Während

dieser Jahre wurden diesem liebenden Paar drei wunderschöne Kinder geboren. Narada hatte alles, was man sich nur wünschen konnte. Es war die glücklichste Zeit seines ganzen Lebens.

Das zwölfte Jahr jedoch war ein Jahr der Naturkatastrophen. Eine außergewöhnlich heftige Regenzeit führte zu Überschwemmungen, die die Ernte zerstörten und die Strohhütten hinwegschwemmten. Eines Nachts flohen die Landarbeiter. Am nächsten Morgen schwollen die reißenden Ströme so stark an, daß sogar Grund und Boden von Naradas eigener Hütte verlassen werden mußte. Narada watete hinaus in das strudelnde, kniehohe Wasser. Sein jüngstes Kind hatte er auf seine Schultern genommen. Mit einer Hand stützte er seine Frau, mit der anderen führte er seine beiden älteren Kinder. Plötzlich taumelte Narada nach vorne, da er im Schlamm den Halt verloren hatte. Sein kleinstes Kind fiel kopfüber in den reißenden Strom. In einem verzweifelten Versuch, das Baby zu retten, ließ Narada die Hände seiner Frau und seiner anderen Kinder los. Das Kleine wurde von den tosenden Fluten weggespült und mit ihm auch die restliche Familie.

Keiner war zu retten. Alle waren verloren. Wie konnte das passieren? Narada war der glücklichste aller Menschen gewesen. Er hatte eine entzückende Frau gehabt und drei wunderschöne Kinder. Nun waren sie alle ertrunken. Er hatte es zum erfolgreichsten Bauern im ganzen Tal gebracht, und jetzt war die gesamte Ernte vernichtet, ebenso seine Freunde und sein Haus.

Völlig verwirrt, voll der Tränen und mit dem größten Kummer, den er je in seinem ganzen Leben gefühlt hatte, stand Narada bestürzt in den Fluten, die seine Knie umspülten. Allein zurückgelassen, wußte er, daß alles und alle für immer verloren waren.

Doch plötzlich waren die wirbelnden Ströme abgeflossen. Als er nun den trockenen Sand unter seinen Füßen erblickte, erkannte Narada, daß das einzige Wasser, das noch zurückgeblieben war, gerade eine kleine Schale füllte, die sich unerklärlicherweise in seiner Hand befand. Erschreckt vernahm er eine vertraute Stimme. Als er aufblickte, sah er Vishnu, der sich auf einem schattigen Fleck in dieser unfruchtbaren Wüste ausgestreckt hatte. Weise lächelnd fragte Vishnu ihn neckend: »Süßer Narada, weshalb hast du so lange gebraucht?«

Teil III

Tränen und Gelächter

»Der Wille muß sich zuviel vorstellen,
damit er genug verwirklicht.«
Gaston Bachelard, 1962

11. Schattige Torwege

Wie Narada müssen auch wir Hoffnungen und Ängste ernst nehmen, welche die positiven und negativen Bindungen an jede Art von Dingen in unserem Leben spiegeln.
Verständlicherweise rufen die Gefahren und Enttäuschungen des Lebens Angst und Kummer hervor. Wir müssen diese persönlichen Lebensumstände zwar ernst nehmen, dürfen sie aber auch nicht überbewerten. Wenn wir uns jemals frei im Überschwang der Freude und des Lachens verlieren wollen, sollten wir uns zunächst willentlich zugestehen, unsere Qualen und Sorgen in der Vorstellung gänzlich zu durchleben.
Wie aber sollen wir mit der Unvollkommenheit des Lebens und unseren eigenen Mängeln umgehen lernen? Wie können wir unserer Imagination die freie Entfaltung ermöglichen, die für ein reiches und farbiges Leben notwendig ist, ohne unnötig durch die Beschränkungen der übermächtigen Hoffnungen und Ängste beherrscht zu werden? Was müssen wir tun, um unser Recht auf Glücklichsein geltend zu machen?
Die Imagination ist unser einziger Zugang zu den subjektiven Erfahrungen, die unseren Sinn dafür, wer wir sind, und für die Welt, in der wir leben, schärfen. Ein Bestehen auf der Existenz einer objektiven Realität *da draußen* ist nichts weiteres als eine kostspielige Flucht aus der inneren Stärke unserer eigenen persönlichen Einbildungskraft.
Möglicherweise gibt es ein *Dort da draußen*; aber alles, was wir direkt erfahren können, sind Bilder des *Dort hier drinnen*. Wie auch immer unsere Übereinkünfte innerhalb einer Kultur oder in einer bestimmten sozialen Situation lauten mögen, immer weichen unsere persönlichen Erfahrungen ziemlich dramatisch voneinander ab.
Manchmal müssen wir die Einladungen anderer, an gemeinschaft-

lichem Trost teilzuhaben, ablehnen. Wie verlockend es auch sein mag, Warnungen zu folgen wie »Sei vorsichtig!« oder Aufforderungen wie »Nur Mut!«, manchmal ist es dennoch weiser, sich auf eigene Faust aufzumachen und etwas stürmisch zu riskieren.

Wie beim Tor von Rashōmon führt auch der Weg zum persönlichen Glück durch die dunklen Bereiche der Imagination. Am Rashōmon-Tor werfen schattenhafte Ausgestoßene schmerzhaft helles Licht auf die Hauptdarsteller, die jeweils einzeln gesehen eindimensional erscheinen. In Abwesenheit der entgegengesetzten, von ihnen ignorierten Bilder wirkt jeder von ihnen überzeichnet und unvollständig.

Die unvollständige Sicht neurotisch einseitiger Charaktere erfordert es, daß sie all dem, was sie sich nicht vorzustellen wagen, unvorbereitet entgegentreten. Bis die nicht imaginierten Aspekte des Lebens ans Licht treten können, wird für unerfüllbare Versprechungen und unzulänglichen Schutz ein hoher Preis gezahlt.

Die gleichen Abwehrmechanismen, die uns vor Leiden bewahren, halten uns auch von Freuden fern. Leiden muß vollständig erfahren werden, will man das Glück in seinem ganzen Umfang erleben.

Verleugnete Ängste führen zu Apathie, Selbstgefälligkeit, Einengung und zum Perfektionismus. Es gibt keine Möglichkeit, auf Nummer Sicher zu gehen, ohne gleichzeitig die Freuden und die Anregungen zu dämpfen, die das Leben zu bieten hat.

Enttäuschungen werden auf Kosten selbstgefälliger Launenhaftigkeit oder vorgetäuschter Gleichgültigkeit vermieden. Oder, noch schamloser, durch spöttischen Trotz und selbstgerechte Verantwortungslosigkeit.

Die übermäßig Hoffenden müssen die untilgbaren Enttäuschungen ihrer Vergangenheit anerkennen, wenn sie in Zukunft jemals substantiellere Befriedigung erwarten wollen. Was immer das Leben auch bringen mag, die zukünftigen Früchte werden uns niemals für gehabte Mißernten entschädigen.

Übermäßig ängstliche Charaktere wehren die Gefahren der Erregung und des Abenteuers ab, indem sie ein Leben der Selbstzufriedenheit und der Beschränkung leben. Übermäßig hoffende Menschen hingegen leugnen Gefahren und Enttäuschung und hängen einer Illusion nach, daß sich alles mit Sicherheit zum Guten wenden wird. Beide Typen fühlen sich vor den Widersprüchen und Ungewißheiten des Lebens geschützt. Und keiner von ihnen erfährt jemals die ganzen Raffinessen und Vieldeutigkeiten des Lebens.

Ohne die wechselnden Vieldeutigkeiten des freien Spiels der Imagination können wir uns nicht von der ›Realität‹ befreien, daß wir hart arbeiten müssen, um die Dinge im Griff zu halten. Ohne ein Eintauchen in das schattenhafte Reich jener inneren Landschaft der Imagination sind die Gefühle schal, ist Originalität unwahrscheinlich und Kreativität kaum vorhanden. Herausforderungen werden ignoriert, Gelegenheiten verpaßt und das Erlebnis persönlichen Gedeihens wird aufgeschoben, während Sentimentalität die wahre Erfahrung tiefer persönlicher Gefühle ersetzt.

Im freien Spiel der Imagination stellen sich von selbst innere Bilder ein, die von uns fordern, daß wir das Unmögliche akzeptieren, das Unerträgliche erfahren und das Undenkbare ausdrücken. Wenn das Unerwartete zugelassen wird, findet eine Umwälzung statt. Alles wendet sich von innen nach außen und von unten nach oben. Das Erkennen alternierender Störungsaspekte erschüttert die beruhigend vertraute, scheinbar logische Ordnung des Lebens.

Im freien Spiel der individuellen Imagination erscheint alles größer als im wirklichen Leben. Da jedes ignorierte Bild sich aus den Schatten erhebt, ist die Übertreibung seine Meßgröße. Wenn wir je herausfinden wollen, wieviel genug ist, müssen wir zunächst erforschen, wieviel zuviel ist.

Zeitweise müssen wir bereit sein, unsere gewöhnliche soziale Haltung des ›Verständigseins‹ aufzugeben. Aber in unserem ungezwungenen Überschwang müssen wir es wagen, willkürlich und eigenwillig zu handeln. Wenn wir uns statt dessen auf gesellschaftliche Allerweltsrollen zurückziehen, sind wir einfach nur sentimental geworden.

Sentimentalität ist nichts weiter als emotionale Übertreibung. Sie entsteht, wenn unsere innigsten Gefühle durch die übertriebene kollektive kulturelle Heuchelei von Tugend und Sünde verfälscht werden. Diese Hollywood-Produktion vergibt nur gute und böse Rollen an Menschen, die entweder im Himmel oder in der Hölle landen. In einer derartig festgefügten sozialen Vorstellungswelt ist kein freies Spiel der Imagination möglich. Hier werden nur längst vertraute Gefühle aufgebläht und konserviert.

Ebenso wie Gefühle, so besitzt auch die Imagination »keine Moral«, sie »ist nicht zu beurteilen und kann nicht verurteilt werden«.[1] Ein Mensch mit einer freien Imagination ist ein praktischer Visionär, der freiwillig die traditionellen Kategorien von Gut und Böse, Wahr und Falsch sowie Traum und Realität aufgibt. Regeln werden ersetzt durch *alles, was bewirkt*, die Erfahrung so zu intensivieren, daß sie reicher und auf lohnende Weise farbenfroher wird. Die einzige Beschränkung besteht darin, anzuerkennen, daß wir das freie Spiel der Imagination jedes anderen Menschen ebenso zu respektieren haben.

Im Leben geht es nicht um einen ganz bestimmten Sinn. So lange die innere Vorstellungskraft eines Menschen nicht das freie Spiel der Imagination eines anderen einschränkt, ist sie der Vorstellungswelt jedes anderen Menschen gleichwertig.

Die traditionelle kollektive Imagination ist das restriktive Gegenstück zum freien Spiel der individuellen Imagination. Die kollektive Sicht besteht darauf, daß ihre Art, die Dinge zu sehen, die klügste, wahrste und beste Art ist, dies zu tun. Ihr missionarischer Druck arbeitet aggressiv darauf hin, eine bestimmte Lebensanschauung für allgemeingültig zu erklären. Alle, die nicht ebenso erleuchtet oder bekehrt sind, müssen entweder vernichtet werden oder in den Status von Ausgestoßenen verbannt werden.

Die Gleichwertigkeit anderer Ansichten zu akzeptieren, stellt respektlos die eigenen Ideale einer letzten Wirklichkeit und einer absoluten Wahrheit in Frage.

Kulturelle Imagination, die auf kulturellen Eckwerten irgendeines Ortes oder einer Zeit basiert, ist auf magische, religiöse oder philosophische Überlieferungen gegründet. Sie betont die Bedeutung der allgemeinen menschlichen Erfahrung, warnt vor Abweichungen von der Norm und hält an einmal geschaffenen Kriterien fest.

Jeder, der sich auf persönliche und außergewöhnliche Weise seiner Imagination hingibt, muß durch missionarische Mittel wie sozialem Druck, Bestrafung oder Behandlung vor einer Selbstverletzung ›geschützt‹ werden. Die Ausrottung der individuellen Imagination kann als soziale Reform, als spirituelle Erlösung oder als psychiatrische Kur ausgewiesen werden. In jedem Fall ist das beabsichtigte Ergebnis, die Einschränkung der ungehinderten individuellen Ansichten, die Normierung des Verhaltens und die Wiederherstellung des Glaubens an die ›Öffentliche Meinung‹ sowie an die gültige Vorstellung einer allgemein akzeptierten Realität.

In unserer westlichen Kultur ist dieser Sinn für soziale Solidarität in seiner weltlichen Ausprägung solide auf Vernunft, Praktikabilität und auf die Vorraussetzung gegründet, daß alles, was für die Allgemeinheit gut ist, auch für jeden einzelnen äußerst wünschenswert sein muß. Die kollektive Sichtweise dient dazu, den Status Quo aufrechtzuerhalten und die Mächtigen zu unterstützen, indem sie glauben macht, Erfolg sei verdient, und die Menschen seien selbst an dem Leiden schuld, das sie ertragen müssen. So war es eine persönliche Katastrophe, als ich im Alter von achtunddreißig Jahren plötzlich und vollständig die Höhrfähigkeit meines linken Ohrs verlor. Diese Erkrankung wurde falsch diagnostiziert, und ebenso auch die im folgenden Jahr auftretenden heftigen Schwindelanfälle und periodisch wiederkehrenden Kopfschmerzen. Zwei Jahre später wurden die unerwarteten Ereignisse, die meine Sicht von meinem Leben verwandeln sollten, korrekt als Symptome eines Gehirntumors diagnostiziert.

Ein akustisches Neurom ist ein langsam wachsender, raumfüllender, nicht-bösartiger Tumor, der auf dem Hirnnerv liegt, welcher das Gehörte übermittelt. Gewächse dieser Art führen fast immer zum Totalverlust des Gehörs auf einem Ohr, in den meisten Fällen jedoch sind zusätzliche Behinderungen zu vermeiden, wenn der Tumor durch einen neurochirurgischen Eingriff erfolgreich beseitigt werden kann. Unglücklicherweise macht es die Lage meines Tumors im Stammhirn unmöglich, daß ich seine vollständige Entfernung überleben kann. Daher mußte ich mich innerhalb von drei Jahren zweimal der Qual einer neurochirurgischen Operation unterziehen.

Im Frühjahr meines sechsundvierzigsten Lebensjahrs wurde mir vom neurochirurgischen Operationsteam eine dritte Operation empfohlen. Aus persönlichen Gründen lehnte ich ab. Rückblikkend erwies sich dies als eine weise Entscheidung. Im Herbst jenes Jahres erlitt ich einen Herzanfall, der zeigte, daß ich den empfohlenen Eingriff nicht überlebt hätte. Ich habe schon an anderer Stelle[2] [3] [4] meine medizinische Odyssee bis zu diesem Zeitpunkt beschrieben.

Im Dezember stellte ich mich schließlich der dritten Herausforderung. Die Operation war insofern erfolgreich, als ich nach meiner Genesungszeit einen deutlichen Rückgang der Schmerzen, der Müdigkeit und der Gleichgewichtsstörungen erlebte. Wegen seiner Lage konnte der Tumor auch diesmal nicht vollständig entfernt werden, aber ich hatte eine Gnadenfrist gewonnen, und dafür war ich dankbar.

Unglücklicherweise war wegen der Größe des Tumors eine Verletzung der Gesichtsnerven eines der vielen Risiken dieser Operation. Während dieser dritten Operation traten dann auch entsprechende Schädigungen auf. Das hatte zur Folge, daß eine partielle Gesichtslähmung meine Sprechfähigkeit leicht beeinträchtigte und auch mein Gesicht leicht entstellte. Beim Essen und Trinken war ich nun etwas unbeholfen, und mein linkes Auge wurde zu einer Quelle chronisch quälender Unannehmlichkeiten. Dazu kam, daß die Koordination meines linken Arms, meiner linken Hand und meines linken Beins auf Dauer beeinträchtigt blieb.

All das erforderte von mir das Ertragen anhaltender physischer Schmerzen, die ich bis zu diesem Zeitpunkt für unerträglich gehalten hatte. Die pochenden Kopfschmerzen waren das Schlimmste. Sie traten oft auf, peinigten mich schrecklich und hielten lange an. Achtzehnstündige Schmerzanfälle waren nicht ungewöhnlich.

Typischerweise nahm ich eine stoische Kriegerpose ein. Ich bestand darauf, daß die Kraft meiner Persönlichkeit jede unerwartete Attacke überstehen könne. Aber purer Eigensinn half ebensowenig wie scheinbar mutige Versuche im Bereich des Transzendenten. Meditation, Selbsthypnose und Flucht in psychische Ablenkungen waren jeweils nur kurze Zeit wirksam. Kodein und andere Opiate halfen teilweise, den Schmerz zu lindern, jedoch nur zu dem Preis, daß sie alle übrigen Erlebnisse abstumpften und schließlich zu Abhängigkeit führen konnten. Nichts von dem, was ich versuchte, half nachhaltig oder für längere Zeit.

Anfangs bestand meine Hauptmethode einfach darin, meinen Willen gegen den Schmerz einzusetzen. Ich glaubte kühn, eine aus dem Herzen kommende Hoffnung würde genügen, um jeden physischen Schmerz zu bezwingen. Doch ich mußte erkennen, daß gerade die feste Entschlossenheit dieser Bemühungen das Pochen im Kopf noch verstärkte und es gänzlich meiner Kontrolle entzog.

Ich erkannte auf schmerzliche Weise, daß ich alle übertriebenen Hoffnungen aufgeben, mich meinen Ängsten stellen und dem Schmerz unterwerfen mußte. Bis zu diesem Zeitpunkt hatte ich geglaubt, das Eingeständnis, den Schmerz nicht ertragen zu können, würde zu einer beschämenden Demütigung führen. Ich war mir sicher: wenn ich nicht in der Lage wäre, mein Schicksal zu bezwingen, würde ich verrückt werden.

Langsam fing ich an, mir vorzustellen, wie ein von andauernden Schmerzen geprägtes Leben wäre. Ich haßte es, mich als hilflos und hoffnungslos zu sehen, aber das Zulassen jener schrecklichen Bilder half mir, mich zu einer neuen Haltung duchzuringen.

Von nun an begann ich mich beim Einsetzen des Schmerzes seinem Ansturm zu ergeben, anstatt mich gegen ihn zu verhärten. Als mir klar wurde, daß ich keine Chance hatte, die Qual zu überwinden, entwickelte ich unerwarteterweise Interesse daran, diese genau zu erkunden.

Jedesmal, wenn der Schmerz einsetzte, stellte ich mir nun vor, daß ich die Erfahrung desselben akzeptieren könne, ohne jede Hoffnung seiner Überwindung. Aus der erneuerten und erweiterten Imagination entwickelte sich eine seltsam losgelöste Neugierde, die es mir ermöglichte, aufmerksam zu beobachten, wie jede Schmerzwelle durch meinen Kopf pochte. Zu meiner angenehmen Überraschung und unerwarteten Freude entdeckte ich, daß der Kopfschmerz geringer war, wenn ich ihn einfach zuließ und nicht versuchte, seinem Ansturm standzuhalten.

Durch Verwendung tibetanischer Visualisationstechniken lernte ich von imaginativ begabten Kollegen, willentlich Halluzinationen hervorzurufen. Nach einer Weile war ich in der Lage, meine Hand in meinen Kopf zu halluzinieren, wo sie den Schmerz hin und her bewegen konnte. Das verschaffte mir stets ein wenig Erleichterung. Ebenso tat dies die persönlichere Halluzination weichen süßen Erdbeerschaums als Puffer und als Balsam für die schmerzempfindlichen Gewebe meines Körpers.

Das Aufgeben meiner hartnäckig hoffnungsvollen Haltung wurde auch in anderer Weise belohnt. Nachdem ich erst einmal mein Schicksal akzeptiert hatte, konnte ich besser mit meiner zuvor verleugneten Verletzlichkeit umgehen, indem ich meine Aktionen in der realen Welt weniger rücksichtslos gestaltete. Das Annehmen meiner teilweisen Invalidität half mir auch dabei, die von anderen liebevoll angebotene Hilfe anzunehmen, ohne mich beschämt zu fühlen.

Jetzt halte ich die mir früher unerträgliche Vorstellung aus, ängstlich einer enttäuschenden, keine Hoffnung auf Besserung versprechenden medizinischen Prognose entgegenzusehen. Zunächst hatte ich es als eine hoffnungsvolle Alternative angesehen, mein Leben durch Selbstmord zu beenden. Seltsam, wie lange ich für die Einsicht brauchte, daß das Erlangen der Kontrolle über das Wie und Wann meines Todes mir die Möglichkeit genommen hätte, mich weiterhin an all den Dingen zu erfreuen, die mir das Leben noch zu bieten hatte.

12. *Jenseits des Tores*

Jedesmal, wenn ich es mir gestattete, das Tor zur freien Imagination zu durchschreiten, wurden andere Wahlmöglichkeiten sichtbar, die oft erfreuliche Lösungen zu vorher bedrohlich unlösbaren Problemen anboten. Anzunehmen, daß das Licht am Ende des Tunnels möglicherweise ein herannahender Güterzug war, erlaubte es mir, zumindest die Zeit bis zu seinem Eintreffen damit zu verbringen, auf den Schienen »Himmel-und-Hölle« zu spielen. Die eingeschränkte Koordinationsfähigkeit meiner linken Hand hatte allmorgendliche Verrichtungen für mich zu sinnlosen Übungen gemacht. Mein hilfloser frustrierender Versuch, mir selbst die Schnürsenkel zu binden und die Hemdmanschetten zuzuknöpfen, endete oft in infantiler Wut. Manchmal blieben mir nur noch die Tränen des Selbstmitleids. Erst als ich anfing, meine Enttäuschung zu akzeptieren und meinen Ängsten ins Auge zu sehen, boten sich andere, einfachere Lösungsmöglichkeiten an. Nun konnte ich diese Probleme zufriedenstellend lösen, indem ich Schaftstiefel anstelle von Schnürschuhen trug und die unhandlichen Knöpfe konventioneller Hemden durch die einfacheren Druckknöpfe der Jeans-Hemden ersetzte.

Angenehmere Lösungen wie diese hatten sich jedoch auch schon vorher angekündigt. Während ich mir wegen des Ausganges dieser dritten Operation Sorgen machte, hatte ich insgeheim gehofft, ich würde sie nicht überleben, um so den befürchteten bleibenden Behinderungen zu entgehen. Die Vorstellung, mein Los möglicherweise ertragen zu können, brachte mich dazu, mir einen Bart wachsen zu lassen. Das war mein Weg, mich kosmetisch auf die vorauszusehende Entstellung des Gesichts einzustellen.

Es war mir nicht möglich, all meine Sorgen bezüglich des Operationserfolges zu überwinden. Indessen machte das Akzeptieren meiner Befürchtungen es mir leichter, ungezwungener das zu tun, was mir gefiel. Wieder halfen mir orientalische Erzählungen[1 2 3 4] dabei, meine individuelle Imagination von ihren kollektiven Beschränkungen zu befreien. Wäre ich durch meine eigenen beharrlichen Hoffnungen eingeengt geblieben oder durch Ängste gefangen gehalten worden, daß andere mich als häßlichen Paria zurückweisen würden, so hätte ich vielleicht die verspielte Bartlösung niemals gefunden, die es mir ermöglichte, das Brüten über meinen Sorgen aufzugeben.

Ich erinnere mich an die alte chinesische Geschichte von einem Dorfweisen, dessen bemerkenswerter Bart zu zahlreichen Überlegungen Anlaß gab. Bei einem höfischen Fest fragte ihn der Kaiser, seinen gewaltigen Bart bewundernd, ob der Weise ihn während des Schlafes über oder unter die Decke lege. Dieser jedoch konnte sich daran nicht erinnern. Da er aber die Frage des Königs beantworten wollte, versuchte er es in der folgenden Nacht auf beide Weisen; fand jedoch keine Anwort.

Solange er sich Gedanken darüber machte, ob er mit dem Bart unter oder über der Bettdecke schliefe, vermochte der Weise keinen Schlaf mehr zu finden. Genausowenig konnte er behaglich in seinem Bett liegen, solange er dem Gedanken nachhing, er müsse dem Kaiser berichten, was er *wirklich* in der Nacht mit seinem Bart mache. Erst als er begann, über sich selbst zu lachen, weil er das versucht hatte zu wollen, was dem Willen nicht möglich ist, konnte er seine Aufmerksamkeit wieder von dem Problem lösen, was er Seiner Kaiserlichen Hoheit erzählen sollte. Erst dann fand der alte Mann seinen gewohnten friedlichen Schlaf wieder. Der Wille des Himmels besteht ganz einfach darin, daß wir fortfahren, unser alltägliches Leben zu leben.

Ehe wir frei sind, das Leben so zu genießen, wie es ist, müssen wir uns den scheinbar unerträglichen Frustrationen stellen, die entstehen, wenn wir versuchen, das Leben unseren Vorstellungen gemäß zu gestalten. Dieses willentliche Aufgeben unseres Unglaubens, daß das Leben sich jenseits unserer Imagination der Kontrolle entziehen könnte, fordert von uns Schmerz und Tränen. Oft hängt unser Glück davon ab, ob wir die eigenen idealisierten Ansichten von einer logisch geordneten Welt aufgeben, in der wir vorherzusagen vermögen, wie die Dinge sich entwickeln werden.

Gewöhnlich nehmen wir die Illusion, die wir für die wahre Wirklichkeit halten, zu wichtig. Übertriebene Hoffnungen und Abwehr gegen beherrschende Ängste bereiten uns unnötige Enttäuschungen. Keine Hoffnung ist zu heilig und keine Angst zu schrecklich, als daß sie sich dem Lachen entzöge. Wenn wir das Leben zu ernst nähmen, wie könnten wir dann überhaupt all seine unlösbaren Widersprüche lösen?
Humor dagegen offenbart uns das Zusammenstoßen des Möglichen mit dem Unmöglichen. Ohne ihre Widersprüche zu verschleiern, müssen Hoffnung und Angst nebeneinander toleriert werden. Die heutigen Vorbereitungen, die ja meistens auf den Vorstellungen von gestern gründen, erweisen sich oft als irrelevant für die ungeahnten Überraschungen von morgen.
Die spielerische Perspektive der zeitlos kreisförmigen, nichtrationalen orientalischen Imagination wandelt die ordnungsgebundeneren westlichen Ideale der Vernunft und des Fortschritts auf nützliche Weise ab. So kommt es, daß die mystisch intuitive Tradition der Sufis meine von düsterem Ernst geprägte, westliche kollektive Imagination durch die herrlich verrückten Lehrgeschichten des weisen Narren Nasrudin aufhellt.
Eine dieser Geschichten erzählt, wie Nasrudin einmal einen selbstherrlichen Gelehrten mit dem Boot über einen reißenden Fluß bringt. Der Pedant, der sich von seinen Ängsten ablenken will, als beide eine besonders gefährliche Stelle im Wasser passieren, erklärt dem Fährmann, daß er grammatisch unkorrekt spreche. Er fragt Nasrudin, ob er je die Grammatik studiert habe. Als der Mullah dies verneint, bemerkt der Gelehrte kritisch: »Dann hast du dein halbes Leben vertan.«
Wenige Minuten später nimmt die Strömung gefährlich zu. Nasrudin wendet sich seinem Passagier zu und fragt den wohlerzogenen Amtsträger, ob er je schwimmen gelernt habe. Der Gelehrte, der eingestehen muß, daß er dies tatsächlich nie gelernt habe, gibt daraufhin laut seiner Verwunderung Ausdruck, warum der Fährmann ihn danach gefragt habe. Seufzend antwortet nun Nasrudin sarkastisch: »Dann war dein *ganzes* Leben vergebens. Die Fähre sinkt nämlich!«
Die Paradoxe sind nicht zu lösen. Ein großer Teil des Lebens ist

vorhersehbar unvoraussagbar, zusammenhanglos und letztlich voller Überraschungen. Die Vieldeutigkeit ist endlos. Wir müssen uns willentlich gleichzeitig unsere Hoffnungen und unsere Ängste vergegenwärtigen und das Ideale und das Praktische, das Absolute und das Relative, eigene und fremde Ansichten in Erwägung ziehen. Wie bedeutsam unbedeutsam all das gerade ist, wird in der Zen-Geschichte vom Zwiegespräch zwischen einem begeisterten jungen Novizen und einem erleuchteten älteren Mönch auf bildliche Weise klar.

Der Schüler bittet seinen Meister um Unterweisung in den höchsten Prinzipien des Buddhismus. Als er gerade zur Antwort anzusetzen scheint, entschuldigt sich der alte Mönch abrupt und erklärt, er müsse urinieren. Als er geht, bemerkt er über seine Schulter hinweg zu dem ungeduldig wartenden jungen Mann: »Stell' dir vor! Egal, wie erleuchtet ich auch bin, immer noch muß ich bei derartig belanglosen Kleinigkeiten persönlich zugegen sein.«

Humor ermöglicht uns, die festgefügte Gewißheit der uns eigenen Methode, mit der wir an Erfahrungen herangehen, zu lockern. Wenn wir nicht bereit sind, respektlos zu sein, ist es uns einfach nicht möglich, im Angesicht unserer Ängste und Zweifel zu lachen. Indem wir glauben, die Weise, in der wir das Leben gerade sehen, sei die *richtige* Art, oder schlimmer noch, die *einzige* Art, werden wir starr und spröde angesichts des unpersönlichen Ansturms der Ereignisse. Nur ein Gefühl dafür, wie vergänglich, gewöhnlich und letztlich unwichtig wir alle sind, erspart uns die Qual, mit der wir das unausweichliche Leiden, das nun einmal zum Leben gehört, verstärken.

Der Humor spiegelt auf vertraute Weise die Rauheit, die Sinnlichkeit und die Grausamkeit der alltäglichen Begegnungen mit der Natur und mit anderen Menschen. Er ist willkürlich und gnadenlos in seinem Spott über unsere Dummheit und unsere Selbsttäuschung. Mit seiner unbarmherzigen Übertreibung zeigt uns der Humor alles unnatürlich Groteske unseres Schwindelns, Anscheingebens und Blasiertseins.

Dschuang Dsi war ein beliebter taoistischer Unsterblicher. Als das Ende seines Lebens nahte, bemerkte er, daß seine Schüler für seinen bevorstehenden Tod ein glänzendes Begräbnis planten. Er wollte wissen, weshalb seine Anhänger ihre Zeit mit derartigem Unsinn verschwendeten. Er behauptete, wenn man ihn unbeerdigt ließe, bliebe er von allem, was er auf Erden geliebt habe, umgeben, ebenso von den Sternen und den Planeten des Himmels. Seine Schüler protestierten: beerdigten sie ihn nicht, würden die Krähen ihn fressen!

Dschuang Dsi stimmte zu, wenn man ihn unbeerdigt ließe, so würde er zweifellos von den Krähen gefressen. Aber dann führte er weiter aus, wenn man ihn in der Erde begrübe, würde er sicher von den Ameisen und den Würmern gefressen. »In jedem Falle werde ich gefressen werden«, seufzte er. »Warum schlagt ihr euch so parteiisch auf die Seite der Würmer?«

Die eine Möglichkeit ist oft ebenso gut wie die andere. Vielleicht ist das einzig Wichtige, daß wir jedem von uns die Möglichkeit geben, sich die Dinge auf seine Art vorzustellen, und daß wir auch den anderen erlauben, ihr Leben auf ihre Weise zu leben. Sonst laufen wir Gefahr, andere so zu retten, wie es die kurze orientalische Fabel beschreibt: »Ich will dich vor dem Ertrinken bewahren«, sagte der Vogel, hob den Fisch aus dem Wasser und setzte ihn auf einen Baum.

Die meiste Zeit über sind wir unwissentlich Gefangene einer kollektiven Imagination, die nicht-hinterfragte, feststehende, willkürliche Prioritäten geschaffen hat bezüglich dessen, was wichtig ist und was nicht. Auf Kontrast fußend, kehrt Humor die als gesichert geltende Ordnung traditioneller Werte um. Wie das Leben, so macht uns auch der Humor bewußt, daß das, was wir lange für wichtig gehalten haben, plötzlich als töricht erscheinen kann, indem unerwartete Erfahrungen all das in Frage stellen, was wir gewöhnlich als gesichert ansehen.

Eine andere Sufi-Geschichte über Nasrudin handelt von einer solchen unerwarteten Überraschung. Diesmal ist der Mullah am Hofe eines Königs. Weil der König sowohl die Jagd als auch die Gesellschaft des Mullah liebt, befiehlt er Nasrudin, an einer königlichen Bärenjagd teilzunehmen. Obgleich Nasrudin zu Tode erschrocken ist, wagt er nicht, sich dem königlichen Wunsch zu widersetzen.

Als er wieder in sein Dorf zurückkehrt, fragt ein Nachbar ihn, wie die Jagd gewesen sei. »Sie war wunderbar«, versicherte Nasrudin ihm daraufhin. Als er jedoch gefragt wird, wieviele Bären er denn auf der Jagd gesehen habe, sagt Nasrudin, er habe keinen einzigen gesehen. »Warum soll die Jagd dann so wunderbar gewesen sein?«, fragt ihn nun der Dorfbewohner. Nasrudin antwortet einfach: »Wenn jemand Bären jagt und wenn ich dieser Jemand bin, dann ist es die wunderbarste Sache der Welt, wenn man überhaupt keine Bären sieht.«

Humor durchbricht abrupt unsere Selbstzufriedenheit, da er blitzartig Dinge erhellt, die wir zwar wissen, aber nicht wahrhaben wollen. Man betrachte beispielsweise das bekannte alte chinesische Sprichwort:

> Die Fürze anderer Leute stinken; unsere eigenen duften.

Wenn wir dies hören, bringt unser darauf folgendes Lächeln klar zum Ausdruck, daß wir verstehen, ohne daß dies eines Beweises bedürfe.

Wie ihre westlichen Gegenstücke sind auch die orientalischen Sprichwörter die kürzesten Formen des Humors. Sprichwörter ziehen mit treffendem Witz die Quintessenz aus Erfahrungen, die jeder von uns schon einmal gemacht hat. Sie lindern unsere übertriebenen Ängste und dramatischen Enttäuschungen, indem sie ihre Allgemeingültigkeit aufzeigen. Wenn wir einmal erkannt haben, daß jeder Mensch glaubt, sein eigenes Selbst sei etwas bemerkenswert Besonderes, werden wir alle zu »Affen, die über den roten Hintern anderer Affen lachen«.

Verständlicherweise mögen wir einwenden, daß Sprichwörter einander oft widersprechen. Aber auch wenn sein Gegenteil ebenfalls wahr ist, ist ein Sprichwort nicht falsch. Auch für den Spruch über unsere Düfte gibt es eine Ergänzung. Ein weiteres Sprichwort macht uns bewußt, daß in einer Gruppe stets folgender Satz gilt:

> »Wer den Furz zuerst gerochen, dem ist es aus dem Arsch gekrochen.«

Unabsichtlich enthüllen wir all das, was wir glauben, verstecken zu können. Sprichwörter lenken unsere Aufmerksamkeit wieder auf die Ängste, die wir glauben, ungestraft ignorieren zu können. »Vielleicht verfehlst du den Tiger, aber der Tiger wird dich nicht verfehlen.« Und: »Wenn Soldaten in der Schlacht davonlaufen, sollen dann die, die fünfzig Doppelschritte laufen, über die lachen, die hundert laufen?«

Manche Enttäuschungen sind unvermeidlich. Wer von uns klagt nicht darüber, daß zugunsten einer imaginären Kontrolle über das weitere Geschehen oftmals die Spontaneität verloren geht. Ein altes Sprichwort, es benutzt Essen als Metapher für Leben, karikiert treffend unsere Bemühungen:

> Aus Furcht vor einem Knochen schluckst du nicht;
> In der Hoffnung auf Fleisch spuckst du ihn nicht aus.

Auch dann, wenn sie gleichermaßen Gelächter und Tränen auslösen, müssen Hoffnungen wie auch Ängste imaginiert werden. Nur weil du nicht weinst, weine ich über dich. Auch lache ich, weil du nicht lachst.

Jeder Mensch wird von Hoffnungen auf Siege und von Ängsten vor Demütigungen geleitet. Es ist nicht möglich, diese imaginierten Vorwegnahmen zukünftigen Geschehens völlig aufzugeben. Es ist auch nur notwendig, sie jedesmal dann zu hinterfragen, wenn das Leben wieder einmal unvorhersehbare und überraschende Erlebnisse für uns bereithält.

Letztlich hält das Leben uns alle zum Narren. Das freie Spiel unserer Imagination erlaubt die notwendige schwierige Balance zwischen dem Komischen und dem Ernsten. Diese Proportionen des Paradoxen sind notwendig, um ein Leben führen zu können, daß gleichzeitig ernst und absurd ist.

Für mich ist es ein natürlicher Zustand des Menschen, ein Narr zu sein. So wie der Zen-Meister ist ein Kind der Natur dumm genug, sich vorzustellen, es gäbe keine höhere Weisheit als unsere angeborenen Funktionen auf natürliche Weise zu verrichten: »Wenn du hungrig bist, dann iß. Wenn du müde bist, schlafe.« Wenn du enttäuscht bist, dann weine. Wenn du in Gefahr bist, flieh oder bleibe und kämpfe. Aber glaube nicht, daß dir deine Hoffnungen und Ängste zu sagen vermögen, worum es im Leben wirklich geht. Im Leben geht es nicht *um* irgendetwas.

Die kollektive Imagination beruft sich auf eine Realität, die wir nicht in Frage stellen dürfen. Befreit durch das Spiel der individuellen Imagination, läßt sich der weise Narr davon nicht beeindrukken. Respektlos frei überschreitet er in seiner Ignoranz die Grenzen der kollektiven Imagination.

Als Narr bin ich müde geworden, den Unterschied zwischen einer geteilten sozialen Realität und meiner persönlichen Sicht vom Leben zu suchen. Wie meine Eltern in der Kindheit, so wollen auch heute gelegentlich andere Menschen von mir wissen: »Wann wirst du endlich der Realität ins Auge sehen?«

Sie scheinen sich damit auf ein Gefühl der Gewißheit bezüglich einer allgemein anerkannten Realität ›da draußen‹ zu beziehen. Aber ihr Anliegen ist nun einmal die Welt, wie sie sein sollte. Oft ist es jedoch nicht im geringsten die Welt, wie ich sie erfahre.

Ohne im voraus festzulegen, wie ich mich verhalten sollte, möchte ich den Überraschungen des Lebens gerade so begegnen, wie ich sie erfahre. Ich möchte frei heraus lachen und weinen, so wie es mir in den Sinn kommt.

Nasrudin erinnert mich daran, daß ich oft meinen Spaß haben kann. Er weist darauf hin, daß ich, wenn ich tue, was mir gefällt, mit Sicherheit irgend jemanden verärgern werde. Aber wenn ich es unterlasse, werde ich mit Sicherheit jemand anderen verärgern.

Was mich selbst anbetrifft, macht mich Normalität verrückt. Es ist mir ziemlich egal, wie mein Geist arbeitet, solange er sich frei bewegen kann.

Gewöhnlich bevorzuge ich die comic-hafte Qualität meiner eigenen inneren subjektiven Imagination gegenüber der ernsten Seite der äußeren objektiven Realität anderer Menschen. Manchmal, wenn ich laut lache, entdecke ich, daß ihr ›Da Draußen‹ von meinem ›Hier Drinnen‹ nicht verschieden ist. Wenn ich aus jenem Traum erwache, den ich in den Traum hineinträume, der mich träumt, stellt sich heraus, daß ich die ganze Zeit über schon genau *dort* bin. Dies *ist* die andere Seite des Tors.

Epilog

Diese Geschichte geschah eines schönen Tages vor langer, langer Zeit in einem fernen arabischen Land. Einige der Menschen, die zu jener Zeit lebten, konnten noch nicht zwischen Realität und Imagination unterscheiden.
In Bagdad verschleuderte ein Kaufmann all sein Geld, bis er schließlich völlig verarmt war. Er mußte sich seinen Lebensunterhalt nun durch die schwerste und schmutzigste Arbeit verdienen. Am Abend jedes Tages legte er sich erschöpft zum Schlafen nieder, überwältigt von der Schinderei und seiner verzweifelten Lage. Während eines solchen Erschöpfungsschlafes träumte er von einem imaginären Führer, der ihm sagte, sein Glück fände er in Kairo.
»Gehe dorthin und suche ihn«, befahl ihm sein Traum-Selbst. Der Kaufmann zögerte nicht lange. Am nächsten Morgen machte er sich auf den Weg. Die Reise dauerte viele mühsame Wochen, aber schließlich erreichte er Kairo.
Er kam des Nachts an seinen Bestimmungsort, hatte aber kein Geld, um in ein Gasthaus einzukehren. Deshalb legte sich der wandernde Kaufmann im Hof einer Moschee zum Schlafe nieder. Es war Allahs Wille, daß ausgerechnet in jener Nacht eine Räuberbande in die Moschee eindrang, um in ein angrenzendes Haus einzubrechen. Die Besitzer des Hauses erwachten jedoch und schlugen Alarm. Dadurch wurden die Diebe verscheucht.
Der Polizeichef von Kairo und seine Leute kamen herbei. Als sie die Moschee betraten, fanden sie den schlafenden Kaufmann im Hof. Die Polizisten ergriffen den unerwarteten Fremden und prügelten ihn fast zu Tode. Und als der wandernde Kaufmann die Prügel überlebt hatte, was konnten sie anderes tun, als ihn ins Gefängnis zu werfen?
Nachdem der Kaufmann drei Tage lang eingesperrt war, ließ der

Polizeichef ihn zum Verhör in sein Büro bringen. Da er wußte, daß der Verdächtige aus Bagdad stammte, fragte er ihn, warum er überhaupt nach Kairo gekommen sei. Der Kaufmann erzählte dem Polizeichef von seinem Traum, daß sein Glück in Kairo läge. »Aber«, so fuhr der Kaufmann fort, »das einzige Glück, das ich in Kairo gefunden habe, sind die freigiebigen Prügel, die mir deine Leute gaben und die kostenlose Unterkunft und Verpflegung, die du mir hier im Gefängnis bietest.«
Als Realist brach der Polizeichef in schallendes Gelächter aus, weil der dumme Kaufmann an Träume glaubte. »Du Idiot«, warnte er, »auch ich habe Stimmen in meinen Träumen gehört. Aber ich bin nicht so dumm, mich im Leben nach ihnen zu richten«. Und er fuhr fort: »Nicht nur einmal, nein dreimal befahlen mir die Stimmen in meinen Träumen, nach Bagdad zu reisen, und versprachen mir, daß ich auf einer palmengesäumten, holprigen Straße ein Haus mit einem grauen Marmorhof finden würde. Die Stimmen schworen, auf der gegenüberliegenden Seite des Gartenhofes unter dem Springbrunnen aus weißem Marmor läge eine große Summe Geldes verborgen. Die Stimmen meiner Imagination rieten mir, dorthin zu gehen und das Geld auszugraben.«
Auf Grund eines müßigen Traumes war ein dummer Kaufmann den langen Weg nach Kairo gekommen. Obgleich der realistische Polizeichef von den Stimmen seiner Imagination dreimal belehrt worden war, hatte er eine Reise nach Bagdad nicht einmal in Erwägung gezogen. Da er jedoch Mitleid für einen Menschen empfand, der dumm genug war, sich von seiner Imagination leiten zu lassen, gab er dem Kaufmann etwas Geld und ließ ihn frei, damit er sich auf den Weg nach Hause machen könne.
Weise genug, nichts zu verraten, erkannte der dumme Kaufmann sofort, daß die Bilder aus dem Traum des Polizeichefs genau sein eigenes Haus in Bagdad beschrieben. Er dankte dem Beamten für das Geld und machte sich sogleich auf die Rückreise nach Bagdad. Als er wieder in seinem eigenen Haus ankam, zögerte er keine Minute. Er lief in den Garten, grub unter dem Springbrunnen nach und legte einen großen Schatz frei. »Und so gingen die Worte des wundersamen Traumes in Erfüllung, und Allah schenkte dem armen Kaufmann wieder Reichtum.«[1]

Anmerkungen

Danksagung

In leicht abgeänderter Form sind einige Passagen dieses Buches in von mir früher veröffentlichten Schriften erschienen. Ich möchte den Verlagen Science and Behaviour Books (Palo Alto, Cal.), EDITS Publishers (San Diego, Cal.) und Human Sciences Press (New York, Verlag der Zeitschrift für existentielle Psychotherapie *Pilgrimage*) für ihre Genehmigung zum Neuabdruck dieser Passagen danken.
Außerdem möchte ich den folgenden Verlagen für ihre Genehmigung danken, Übersetzungen chinesischer Gedichte von Tu Fu und Li Po zu verwenden: Random House (New York), Paragon Book Reprint Corp. (New York), George Allen and Unwin (London) und Harvard University Press (Cambridge, Mass.). Dem Verlag Twayne Publishers (Boston, Mass.) danke ich für die Genehmigung, aus dem klassischen orientalischen Roman *Der Traum der roten Kammer* zitieren zu dürfen.

I. Stell dir vor...

1 Nacherzählt nach A.C. Grahams Übersetzung eines taoistischen Textes aus dem dritten Jahrhundert, *The Book of Lieh-tzu*. New York 1960, S. 69-70.
2 Albert William Levi: *Literature, Philosophy, and the Imagination*. Bloomington 1962, S. 47ff.
3 Denis Donoghue: *The Sovereign Ghost: Studies in Imagination*. Berkeley and Los Angeles 1976, S. 70.
4 Sheldon Kopp: *An End to Innocence. Facing Life Without Illusions*. New York 1978, S. 17-20.
5 Nick Kopp: »Ich gehe mit den Menschen so um, wie ich es für das Beste halte. Ich brauche dazu keinen Beifall. Alles was ich brauche, ist, daß man mich so akzeptiert, wie ich bin. Weil ich so bin, wie ich bin, habe ich nur wenige nahe Freunde. Ich weiß jedoch, daß *diese* Freunde gute Freunde sind. Manchmal mögen sie versuchen, mich zu ändern; wenn ich mich dann jedoch nicht ändere, ist das auch in Ordnung. Denn sie akzeptieren mich so, wie ich bin und auch, was ich bin.« Georgetown Day High School Year Book 1975-76.

6 Sheldon Kopp: *Rollenschicksal und Freiheit. Psychotherapie als Theater.* Paderborn 1981, S. 41-43.

II. Re-Orient-ierung

1 Edward T. Hall: *Die Sprache des Raums.* Düsseldorf 1976, *The Hidden Dimension*, 1966 und *Beyond Culture* 1976, New York.
2 Edward T. Hall: *The Hidden Dimension*, S. 99.
3 Edward W. Said: *Orientalism.* New York 1979 (dt. Ausgabe: Orientalismus. Berlin 1981).
4 Ebenda, S. 55.
5 Ebenda, S. 93.
6 Ivan Morris (Hg): *Madly Singing in the Mountains. An Appreciation and Anthology of Arthur Waley.* New York 1970.
7 Ryūnosuke Akutagawa: »In a Grove« und »Rashōmon«. In: *Rashōmon and Other Stories.* New York 1959, S. 15-30, 31-42.
8 Fay and Michael Kanin: *Rashōmon: A Drama in two acts based on stories by Ryūnosuke Akutagawa.* New York 1959, II. Akt, S. 52.
9 Ebenda, S. 53.
10 Ebenda, S. 57.

III. Imaginäre Charaktere

1 Neurotiker, Psychotiker und Charakterstörungen.
2 Michael Foucault: *Wahnsinn und Gesellschaft.* Frankfurt 1973.
3 *Diagnostic Statistical Manual of Mental Disorders*, 3. Ausg. Washington, D.C. 1980.
4 Heinrich Kramer und Jakob Sprenger: *Der Hexenhammer.* München 1982.
5 Alle Berichte über Patienten wurden abgeändert, um ihre Privatsphäre zu schützen. In manchen Fällen sind die Portraits reine Erfindungen. Sonst habe ich Details, die zur Identifikation der betreffenden Personen führen könnten, vermieden oder verändert.
6 Sheldon Kopp: »Who Am I... Really?« In: *Pilgrimage*, Bd. 8, Nr. 3 (1980), S. 164-165.

IV. Situativer Verhaltensstil

1 Farid Ud-Din Attar: *Conference of the Birds. A Sufi Fable.* Nach der wortgetreuen und vollständigen französischen Übersetzung von Garcin de Tassy ins Englische übertragen von C.S. Nott. Boulder, Col. 1971 (dt. Ausgabe: *Die Pilgerfahrt der Vögel.* Berlin 1984).
2 Idries Shah: *Die Sufis* Düsseldorf/Köln 1976.
3 Attar, S.15.
4 Ebenda, S.16.
5 Ebenda, S.27.
6 Ebenda, S.124.
7 Anna Freud und Dorothy T. Burlingham: *Heimatlose Kinder.* Frankfurt/M.
8 Solomon Asch: »Effects of Group Pressure Upon the Modification and Distortion of Judgement.« In: *Groups, Leadership and Men*, hg. v. H. Guetzkow. Pittsburgh, Pa. 1951.

9 Stanley Milgram: *Das Milgram Experiment. Zur Gehorsamsbereitschaft gegenüber Autorität.* Hamburg 1982.

10 Philip G. Zimbardo: »The Psychological Power and Pathology of Imprisonment«. In: *Selected Documents in Psychology*, MS. No. 347. American Psychological Association Journal Supplement Abstract Service. Washington, D.C. 1973.

11 Sheldon Kopp: *Deductive Reasoning in Paranoid Schizophrenics.* Unveröffentlichte Dissertation, New School for Social Research. New York 1961.

12 Margaret J. Rioch: »The Work of Wilfried Bion on Groups«. In: *Groups Relations Reader*, A.K. Rice Institute Series, hg. v. Arthur D. Colman und W. Harold Bexton. San Rafael, Cal. 1975, S. 21-34.

V. Verzweifelt hoffnungsvoll

1 Ich teile in diesem Buch das elterliche Verhalten (parenting) in »mütterliches« (mothering) und »väterliches« (fathering) auf. Diese willkürlichen Begriffe beziehen sich hier auf die traditionellen primären Elternrollen, was weder eine biologische Beziehung zum Kind voraussetzt noch das Geschlecht der Person festlegt, die dem Kind die Fürsorge angedeihen läßt.

2 *Die Geschichten aus tausendundein Nächten.* Aus dem arabischen Urtext von Enno Littmann. Frankfurt/M., Neuauflage 1984.

3 Ebenda.

4 Technisch unterscheidet die Diagnose der Psychopathologie zwischen einem Schaden, der beim sich entwickelnden Selbstgefühl entsteht und durch mangelhaftes mütterliches Verhalten während der ersten drei Jahre verursacht wird und den Schwierigkeiten beim Kontrollieren der Instinkte, die sich aus mangelhaftem väterlichen Verhalten während der darauffolgenden Jahre der Kindheit ergeben. Ersteres wird gewöhnlich als Charakterstörung, letzteres als Neurose bezeichnet.

5 Sheldon Kopp: *Mirror, Mask and Shadow. The Risks and Rewards of Self-Acceptance.* New York 1980, S. 72-73.

VI. Beruhigend furchtsam

1 Ich verwendete diese Geschichten zum ersten Mal in meinem Buch: *Kopfunter hängend sehe ich alles anders. Psychotherapie und die Kräfte des Dunkels.* Düsseldorf/Köln 1982, S. 22. Die hier wiedergegebene Version ist auf der Grundlage der erst seit kurzem erhältlichen, neugedruckten Übersetzung der Originalquelle erstellt worden (zitiert in Anm. 3).

2 Heinrich Zimmer: *Abenteuer und Fahrten der Seele.* Düsseldorf/Köln 1977, S. 217-227.

3 M.B. Emeneau, Übers.: *Jambhaladatta's Version of the Vetalapancavinsati.* A critical Sanskrit text in transliteration. American Oriental Series, Bd. 4 (1934).

VII. Widerspenstige Unterwerfung

1 Li Po und Tu Fu: *Poems.* Ausgewählt und ins Englische übersetzt, mit einer Einleitung und mit Anmerkungen versehen von Arthur Cooper. Baltimore, Maryland 1973.

2 Li Po: »Waking from Drunkenness on a Spring Day«. In: *Translations from the Chinese*. Übersetzt von Arthur Waley. New York 1941, S. 122.

3 Tu Fu: »To My Retired Friend Wei«. In: *The Jade Mountain. A Chinese Anthology*. Übersetzt von Witter Bynner nach den Texten von Kiang Kang-hu. New York 1929, S. 158-159.

4 Tu Fu: »Eight Immortals of the Wine Cup«. In: *Tu Fu, China's Greatest Poet*, von William Hung. New York 1952, S. 52.

5 Li Po: »Addressed humorously to Tu Fu«. In: *The Works of Li Po, the Chinese Poet*. Übersetzt von Shiegeyoshi Obata. New York 1965, S. 41.

6 Ich möchte James Hillman für seine Erforschung der Jungschen Archetypen der Jugend und des Alterns (des *puer* und des *senex*) meine Anerkennug aussprechen. Dies gilt auch für die von ihm herausgegebene Sammlung: *Puer Papers*. Irving, Texas, 1979.

7 Für Material über den Aspekt der »verschlingenden Mutter« bei der Charakterentwicklung des männlichen *puer*, siehe auch *»Puer Aeternus«* von Marie-Louise von Franz. Santa Monica, Cal. 1981.

8 *est* ist ein Kürzel für Erhard Seminars Training, wahrscheinlich das kommerziell erfolgreichste Massen-Gruppentherapie-Relikt der Human-Potential-Bewegung. Beim est-Training nehmen zweihundertfünfzig Menschen gleichzeitig an zwei aufeinanderfolgenden Wochenend-Marathons teil, was als »sechzig Stunden, die Ihr Leben verwandeln« annonciert wird.

9 Ich habe schon an anderer Stelle über meine persönliche und medizinische Odyssee geschrieben. Die neueste Darstellung findet sich in: *An End to Innocence. Facing Life Without Illusions*. New York 1978, S. 125-136.

10 Wie auch bei anderen therapeutischen Protokollen wird dieser Austausch aus literarischen Gründen verkürzt dargestellt. Ohne diese Bearbeitung müßte ich dem Leser die weitaus ausführlicheren und oft redundanten Dialoge zumuten, die erforderlich sind, um solche Probleme durchzuarbeiten.

11 Idries Shah: *Die Sufis*. Düsseldorf/Köln, 1976.

VIII. Triumphierendes Opfer

1 Mit dem Begriff »bemutternder Elternteil« (mothering parent) bezeichne ich vereinfacht denjenigen Erwachsenen, der dem Kind während der ersten drei Lebensjahre die primäre Fürsorge zukommen läßt. Natürlich muß diese »Mutter« nicht die biologische Mutter sein, und es braucht sich nicht einmal um eine Frau zu handeln.

2 Tsao Hsueh-chin: *Dream of the Red Camber*. Ins Englische übersetzt und nach der chinesischen Ausgabe bearbeitet von Chi-Chen Wang. New York 1958 (dt. Ausgabe: *Der Traum der roten Kammer*. Aus dem Chinesischen von Franz Kuhn. Frankfurt/M. 1977).

3 Die neueste und gleichzeitig vollständigste Übersetzung transkribiert den Namen des Autors mit Cao Xuequin. Unglücklicherweise lagen zur Zeit, als dieses Buch geschrieben wurde, nur die ersten beiden Bände der von David Hawkes angekündigten fünfbändigen Übersetzung vor. (Veröffentlicht unter einem früheren Titel: *The Story of the Stone*, Bd. 1, 1973 und Bd. 2, 1977, New York.)

4 Jeanne Knoerle: *The Dream of the Red Chamber. A Critical Study*. Vorwort von Liu Wu-chi. Bloomington, Ind. 1972, S. 80.
5 Tsao Hsueh-chin, S. 22-23.
6 Ebenda, S. 41.

IX. Unverschämte Kompensationen

1 Sheldon Kopp u. a.: *The Naked Therapist. A Collection of Embarrassments*. San Diego, Cal. 1976, S. 5-8. Einige Geschichten, die in diesem Kapitel zitiert werden, erschienen ursprünglich in etwas anderer Form in meinen früheren Schriften.
2 Sheldon Kopp: *Rollenschicksal und Freiheit*, a.a.O., S. 17-21.
3 Kopp: *Naked Therapist*. S. 37-40.
4 Wu Ch'eng-en: *Monkeys Pilgerfahrt*. Übersetzt von Georgette Boner und Maria Nils. München 1980, Auszug aus dem chinesischen Roman: Die Reise nach dem Westen.
5 Kopp: *Rollenschicksal und Freiheit*, a.a.O., S. 175-177.

X. Hilflos heroisch

1 Die kurzen klinischen Protokolle, die in diesem Kapitel wiedergegeben sind, erschienen ursprünglich in etwas anderer Form in *The Naked Therapist. A Collection of Embarrassments* von Sheldon Kopp u. a., a.a.O., S. 41-53.
2 Sheldon Kopp: »The Power of Maya«. In: *Pilgrimage*, Bd. 7, Nr. 1, (1979), S.13-16.

XI:Schattige Torwege

1 Patricia Meyers Spacks: *The Female Imagination*. New York 1976, S. 71-72.
2 Sheldon Kopp: *Guru. Metaphors from a Psychotherapist*. Palo Alto, Cal. 1971.
3 Sheldon Kopp: *Triffst du Buddha unterwegs... Psychotherapie und Selbsterfahrung*. Düsseldorf/Köln 1976.
4 Sheldon Kopp: *An End to Innocence. Facing Life Without Illusions*. New York 1978.

XII. Jenseits des Tores

1 R.H. Blyth: *Oriental Humour*. Tokyo 1959.
2 Conrad Hyers: *Zen and the Comic Spirit*. Philadelphia, Pa. 1973.
3 Idries Shah: *Die Weisheit der Narren*. Freiburg 1983.
4 Idries Shah: Die fabelhaften Heldentaten des vollendeten Narren und Meisters Mulla Nasrudin. Freiburg 1984.

Epilog

1 Eine Nacherzählung von: »Der Traum«. In: *Die Erzählungen aus den tausendundein Nächten*, a.a.O..

Tarot und Selbsterfahrung

Sheldon B. Kopp

Kopfunter hängend sehe ich alles anders

Psychotherapie und die Kräfte des Dunkels.

3. Aufl. 224 Seiten

Sheldon B. Kopp dringt mit Hilfe von Tarot-Bildern in die unbewußten, dunklen Tiefen des Selbst vor.

»Die Tarot-Symbole können als Führer zu archetypischen Offenbarungen aus dem transpersonalen oder kollektiven Unbewußten dienen. Diese Bilder erzeugen tiefe psychische Resonanzen, stellen die Verbindung zu vergessenem Wissen und unerprobten persönlichen Kräften her« *(aus der Einleitung).*

»Für Kopp hat dieses Dunkel noch eine andere Bedeutung. Er erfuhr an sich selber, was die Traditionen der Medizinmänner und die griechischen Mythen meinen: nur der verwundete Heiler kann heilen, und auch das nur, wenn er seine eigene Wunde nicht wegdiskutiert« *(Günther Mehren im Süddeutschen Rundfunk).*

Mary Steiner-Geringer

Tarot als Selbsterfahrung

Diederichs Gelbe Reihe Band 55. Mit 22 Tarotbildern von Heiri Steiner. Ca. 192 Seiten

Erstmals wird hier in das gesamte esoterische Wissen um *Tarot* eingeführt: in Kosmologie und Kabbala, Alchemie und Freimaurertum, Zenbuddhismus und die Psychologie des Unbewußten.

Die renommierte Schweizer Psychologin erläutert den Sinngehalt und die Symbolik jeder Spielkarte von den unterschiedlichen Ansätzen her. Sie erschließt uns die Konstellation der 22 Arkane. Sie zeigt – in einer klaren, praxisnahen Sprache – wie *Tarotspielen* zu einer Begegnung mit sich selbst führen kann.

Eugen Diederichs Verlag

Wege zum Selbst

Douglas Lockhart

Wer den Wind reitet

Ein westlicher Weg zum Selbst.

336 Seiten

»Der Ich-Erzähler Lockhart alias Peter Derwent macht die Begegnung mit einem ungewöhnlichen Mann, Alexius Sabazius, der ihn, wie der Schamane Don Juan in Castanedas Werk, auf eine recht eigenartige und phantastische Reise zum Selbst führt. Es ist eine ganz individuelle, einzigartige Geschichte, sicherlich auf fiktive Art geschrieben aber mit einem echten, erlebten Hintergrund. Der Leser wird Zeuge eines inneren Lernprozesses, wie er kaum spannender sein kann. Er wird gefangengenommen durch viele suggestive Bilder und Traumreisen, durch hautnahe Wirklichkeit und phantastische Mystik.«

(Hologramm)

Reshad Feild

Das Siegel des Derwisch

5. Aufl. 176 Seiten

»Reshad kehrt aus der Welt des türkischen Sufismus in die nüchterne Wirklichkeit des europäischen Lebens zurück. Er begegnet in London und Wales Menschen, die ihn spontan anziehen, empfängt aus der Hand eines Sterbenden ›Das Siegel des Derwisch‹ und erfährt seine Bedeutung: die Kraft, alle Illusionen abstreifen zu können und die Straße der Freiheit zu gehen. Dies ist ein Buch der Erfahrung, ein sehr persönlich geschriebener Bericht eines westlichen Suchenden, der Fakten und Wissen sammeln wollte und zu einem Sufi wurde.« *(Deutsche Welle)*

Eugen Diederichs Verlag